ラテン語初歩
改訂版

ラテン語初歩
改訂版

田中利光著

岩波書店

改訂版はしがき

　本書の旧版は，1990（平成2）年2月に発行された．以来10年余経過したわけである．その間，本書について経験したことをあれこれ勘案して，この度の新版では，次のような点を改訂した．

　(1) 各課の和訳問題と羅訳問題を，お互い同士が90パーセント位の解答であるように作った．これによって一方では，ラテン文のおおよその意味の見当をつけ，正確な意味を捉える手がかりになり，また他方では，ラテン語訳をする場合のヒントになるだろう．そして問題点をはっきり押さえ，落ち着いて，そして自信をもって解答することができるようにした．

　場合によっては90パーセント以上に，お互いの解答であるようにした．また和訳問題をかなり意訳して羅訳問題にした．そのような場合は，照らし合わせてお互い同士の解答であることを確認するだけでも十分練習になると思う．

　それでもなお疑問に感じられるのではないかと予想される個所には丹念に註をつけた．また相互参照も念入りにして，復習，予習，まとめの便に資するようにした．

　このように改訂したので，あたかも面倒なパズルを解くことを強いるような点は皆無になったのではないかと思う．

　(2) 1題1題の問題の内容が相互にそれとなく関係があるようにしたので，内容がばらばらであった点が改善された．それができなかった場合も，各々の文がそれだけで暗唱に堪えるような，印象深い名句（あるいは迷句）を和訳の問題として，なるべく揃えるようにした．

　(3) さらにまた，これも暗唱に堪えるような，印象深い文句（あるいは迷句）を30近く選び，訳と必要な場合は説明をつけて，ところどころに「引用句」として掲げた．これによって，単調さを避け，「アクセント」をつけることができたと思う．

　(4) 旧版の「読み物」の中から「文例」として6つ選び，そこに新出する単語

は取り出して訳語をあらかじめ提示し，註を補充し，訳をつけ，終わりの方の課の中に分けて入れた．訳と原文を照らし合わせることで，これもよい練習になると思う．かなりこみいったラテン語に(敬遠されることなく)触れてもらえるようにした．

(5) 発音(アクセントを含めて)にも「解答」をつけた．

以上のような改訂によって，楽しく気軽に学べるラテン語学習帳という感じのものになったのではないか，また旧版につけていただいたコピー「手に取り，取りかかれば習得できる入門書」の歌い文句にも，また「ラテン語初歩」の書名にもより適ったものになったのではないかと希望している．

2002(平成14)年2月

初版はしがき

　本書は，ラテン語の基礎的な事項を章ごとにすこしずつ取り上げて説明を加え，取り上げられた事項を練習したり，復習したりできるような若干の問題を配したものである．

　羅文和訳の問題は，少しずつ積み重ねられていく既知の知識で容易にわかるものばかりである．あらかじめ説明しなかった事項が含まれている問題は，その点について註で説明しておいた．また新しい単語は，あらかじめ取り出して訳語を与えておいた．いろいろな理由によるものであろうが，あるいはいささか難しく感ぜられる問題も多少あるかもしれない．しかし学習に支障を来すようなことはないと思う．

　和文羅訳の問題は，羅文和訳の問題を参照して，これも容易にできるものばかりである．敬遠しないで是非やってみてほしいと思う．新しい単語で必要なものは問題文の中に添えて与えられている．また和文羅訳に必要なすべての単語は巻末の語彙(和―羅)の個所に与えられている．なお語彙(和―羅)の個所のラテン語の単語については，長母音の上に，長母音であることを示す横線(cf. §3)を付していない．ラテン語を書く場合は，この横線を付けないで書くようにすることを勧めたい．

　なお最後の章として，若干の短い読み物を添えた．これは多少(個所によっては相当)難しく感ぜられる所があるかもしれない．またそれまでの章で取り上げなかった，一寸込み入った事項も出てくる．しかしそれらの点についても一応の註を付けておいたので，充分読みこなしていただけるものと希望したい．

　本書を作るに当っては，田中美知太郎，松平千秋著「ギリシア語入門　改訂版」(岩波書店)に，説明の要領，その他の点で教えられることがすこぶる多かった．また，松平千秋，国原吉之助著「新ラテン文法」(南江堂)から，練習問題文を借用した場合が少なくない．その他にもなにかと参考にさせていただいた．更にまた，いろいろな方々にいろいろなかたちで力を貸していただいた．特に，

中山恒夫氏,田中博明氏にお力添えをいただいた.ここに記して謝意を表する次第である.

1989年(平成元年)6月

目　　次

改訂版はしがき ……………………………………………… v
初版はしがき ………………………………………………… vii

I　文字と発音 ………………………………………………… 1
II　音節とアクセント ………………………………………… 4
III　動詞活用　現在直説法能動相　第一，第二活用 ……… 6
IV　名詞活用　第一活用 ……………………………………… 8
V　動詞　第三，第四，第五活用 …………………………… 10
VI　名詞　第二活用(1) ……………………………………… 12
VII　形容詞活用　第一，第二活用(1) ……………………… 14
VIII　未完了過去直説法能動相 ……………………………… 17
IX　名詞　第二活用(2) ……………………………………… 19
X　形容詞　第一，第二活用(2) …………………………… 21
XI　未来直説法能動相 ………………………………………… 24
XII　前置詞．所格．eō ……………………………………… 26
XIII　不定詞(現在能動相)．sum, possum ………………… 29
XIV　名詞　第三活用(1)——i 音幹名詞 …………………… 32
XV　形容詞　第三活用(1)——i 音幹形容詞 ……………… 35
XVI　完了直説法能動相 ……………………………………… 37
XVII　過去完了および未来完了直説法能動相 ……………… 40
XVIII　名詞　第三活用(2)——黙音幹名詞 ………………… 43

XIX	名詞　第三活用(3)——混合幹名詞	46
XX	現在，未完了過去および未来の直説法受動相．不定詞(現在受動相)	48
XXI	名詞　第三活用(4)——流音幹名詞	52
XXII	名詞　第三活用(5)—— s 音幹名詞	54
XXIII	形容詞　第三活用(2)——混合幹形容詞と子音幹形容詞	56
XXIV	完了，過去完了および未来完了の直説法受動相	59
XXV	動詞の主要部分．volō, nōlō, mālō	62
XXVI	名詞　第四，第五活用	65
XXVII	能相欠如動詞．fīō, ferō	68
XXVIII	指示代名詞および限定代名詞	71
XXIX	疑問代名詞および不定代名詞	75
XXX	現在，未完了過去の接続法能動および受動相．目的を示す副文における接続法	78
XXXI	人称代名詞	82
XXXII	所有形容詞および強意代名詞 ipse	84
XXXIII	完了，過去完了の接続法能動および受動相．間接疑問文における接続法	86
XXXIV	条件文(1)——事実に反対の仮定をする	90
XXXV	条件文(2)——仮想の場合と予想の場合	92
XXXVI	不定詞(1)——完了能動および受動相．対格不定詞節	94
XXXVII	不定詞(2)——未来能動および受動相	96
XXXVIII	関係代名詞	98

XXXIX	非人称動詞	100
XL	分詞(1)——現在能動相	102
XLI	分詞(2)——完了受動相，未来能動相．状況を示す分詞	104
XLII	奪格の独立的用法	107
XLIII	形容詞の比較	111
XLIV	形容詞の不規則な比較	114
XLV	数　　詞	116
XLVI	動名詞(gerund)	121
XLVII	動形容詞(gerundive)	124
XLVIII	動名詞の代わりに用いられる動形容詞	126
XLIX	命令法能動相	129
L	能相欠如動詞の命令法．主文における接続法	133
LI	目的分詞(supine)	136

活　用　表

I	名詞の活用	145
II	形容詞の活用	150
III	代名詞の活用	154
IV	数　　詞	158
V	動詞の活用	163

参考書目		186
語彙	（羅——和）	189
	（和——羅）	214
索　引		225

あとがき ………………………………………………………229

I 文字と発音

§1. 文字およびその名称と発音は次のとおりである．

大文字	小文字	名称	発音
A	a	ā	a, ā
B	b	bē	b
C	c	kē	k
D	d	dē	d
E	e	ē	e, ē
F	f	ef	f
G	g	gē	g
H	h	hā	h
I (J)	i (j)	ī	i, ī, j
K	k	kā	k
L	l	el	l
M	m	em	m
N	n	en	n
O	o	ō	o, ō
P	p	pē	p
Q	q	kū	k(w)
R	r	er	r
S	s	es	s
T	t	tē	t
V (U)	v (u)	ū	u, ū, w
X	x	iks[1]	ks
Y	y	ȳ[ユー]	y, ȳ
Z	z	zēta	z

(註) 1. 英語でも古くは[iks]だった．[ef, el, em]等の影響で[eks]になったものと思われる．

§2. I(i)は[i, ī]のほかに[j]（英語 yes の y の音）もあらわしていた．J(j)はのちにI(i)を変形して作られた字形である．本書では[j]をあらわすものとしてJ(j)を用いることにする．

V(v)は[u, ū]のほかに[w]もあらわしていた．U(u)はのちにV(v)を変形して作られた字形である．本書では[u]または[ū]の音をあらわすものとしてU(u)を用いることにする．

§3. 母音をあらわす文字は a, e, i, o, u, y の六字で，それぞれ長短いずれをもあらわす．そこで，長母音か短母音かは文字からは不明なわけで，学習の便宜上，長母音をあらわす場合には ā, ē, ī, ō, ū, ȳ のように上に横線を付して示す．この横線は普通の場合，用いられない．

§4. ae[アエ], au[アウ], ei[エイ], eu[エウ], oe[オエ], ui[ウイ]の六種の母音連続を複母音という．

§5. 母音の間のjは[jj]と発音される．例 major[マイヨル] より大きい, pejor[ペイヨル] より悪い

§6. [k]の音をあらわす文字にC(c)とK(k)の二つがあるが，後者はまれにしか用いられない．

§7. qは常にuの前で用いられ，quで[kw]と発音される．§1で，qの発音をk(w)と示したのはそのためである．例 quoque[クウォクウェ] ……もまた, quattuor[クワットゥオル] 四（数詞）

§8. ph, th, ch, rh は，p, t, c[k], r に強い気息を伴わせて，プﾌ，トゥﾌ，クﾌ，ルﾌのように発音されたものであろうが，便宜的に p, t, c, r と同様に発音してもよいであろう．

§9. ［練習問題1］ 次の語を発音せよ（アクセント［英語のような強さのアクセント］はいずれも語頭にある）．

rosa　ばら　　　　vīnum　葡萄酒　　　aqua　水

I 文字と発音

diēs 日	pulcher 美しい	amō 愛する
Gracchus （姓名）	Catō （姓名）	Gāius （個人名）
Jūlius （氏族名）	Caesar （姓名）	Mārcus （個人名）
Tullius （氏族名）	Cicerō （姓名）	cujus 誰の
ūnum 一	decem 十	centum 百
mīlle 千	Rhēnus ライン川	

ロサ	ウィーヌム	アクワ
ディエース	プルケル	アモー
グラックス	カトー	ガーイウス
ユーリウス	カエサル	マールクス
トゥッリウス[1]	キケロー[2]	クイユス
ウーヌム	デケム	ケントゥム
ミーッレ[1]	レーヌス	

(註) 1. ll, rr など同一子音が重なる場合も，[ll][rr]のように，それぞれの子音を発音する．2. [スィセロー]と読むのは英語訛，[ツィツェロー]と読むのはドイツ語訛である．

II 音節とアクセント

§10. 単語は，そこに含まれている母音または複母音(cf. §4)の数だけの音節を有するという．例 difficilis［ディッフィキリス 四つの音節を有する］ むずかしい，Caesar［2音節．ae は複母音なので 2 ではなく 1 と数える］，Jūlius［3音節．iu は複母音ではない］

§11. 音節が長母音(cf. §3)または複母音を含む場合，その音節は本来的に長い(long by nature)音節であるという．例 Rōmānī［ローマーニー］（−−−） ローマ人，audāx［アウダークス］（−−） 大胆な

§12. 音節に含まれる母音が短い場合でも，その母音がふたつ以上の子音の前に位置している場合には，その音節は位置によって長い(long by position)という．例 posse(−⌣) できること

　なお位置によって長い音節における母音そのものが長く発音されるのではないので注意．ふたつ以上の子音の前に位置している場合には，直後の子音の発音に要する時間も加えて，長いとされるのであろう．

§13. 単語の最後の音節をラテン語の術語で ultima（最後），最後より二番目および三番目を，それぞれ paenultima（ほとんど最後），antepaenultima（paenultima の前）という．例えば Rōmānī において，nī が ultima，mā が paenultima, Rō が antepaenultima である．

§14. 二音節からなる単語では paenultima にアクセントがある．

　例 vīta［ウィータ 以下，アクセントのある個所を下線で示す］ 生命，cito［キト］ 速く

§15. 三音節以上の単語では，paenultima が本来的に長い場合(cf. §11)，および位置によって長い場合(cf. §12)には paenultima に，短い場合には antepaenultima にある．

　例 fortūna［フォルトゥーナ］ 幸運，jūcundus［ユークンドゥス］ 喜ばしい，litterae［リッテラエ］ 手紙

II 音節とアクセント

§16. 一音節の単語は，もちろんその音節にアクセントがある．

例　pēs［ペース］足，ōs［オース］口

なお，et（そして），sed（しかし）等のような付属的な語は，普通，前後の語といっしょに発音されて，アクセントを有しない．

例　pēs et ōs［ペース エトゥ オース］足と口

§17.　［練習問題 2］アクセントに注意して次の語を発音せよ．

puella 少女	Cornēlia（女性の名）	salūber 健康的な
beātitūdō 幸福	juvenis 若い	fēmina 女性
ēleganter 優雅に	aeternus 永遠の	Rōmulus（個人名）
Coriolānus（姓名）	Scīpiō（姓名）	Vergilius（氏族名）
Horātius（氏族名）	Juvenālis（姓名）	Sāturnālia（祭の名）
spectāculum 見せ物	auxilium 援助	pecūnia お金
senectūs 老年	moneō 警告する	

プエッラ	コルネーリア	サルーベル
ベアーティトゥードー	ユウェニス	フェーミナ
エーレガンテル	アエテルヌス	ロームルス
コリオラーヌス	スキーピオー	ウェルギリウス
ホラーティウス	ユウェナーリス	サートゥルナーリア
スペクタークルム	アウクスィリウム	ペクーニア
セネクトゥース	モネオー	

III 動詞活用　現在直説法能動相
　　第一，第二活用

§ 18. 動詞は活用して相(voice)，法(mood)，時称(tense)，数(number)，および人称(person)を区別する．

§ 19. 相には能動相(active)と受動相(passive)の二つがある．

§ 20. 法には直説法(indicative)，接続法(subjunctive)および命令法(imperative)の三つがある．

§ 21. 時称には現在(present)，未完了過去(imperfect)，未来(future)，完了(perfect)，過去完了(pluperfect)，未来完了(future perfect)の六つがある．

§ 22. 数には単数，複数の二つがある．

§ 23. 人称には一人称，二人称，三人称の三つがある．

§ 24. なお，ほかに動詞に付属して不定詞(infinitive)，分詞(participle)，動名詞(gerund)，動形容詞(gerundive)，目的分詞(supine)がある．

§ 25. 現在直説法能動相(第一，第二活用)

		amō　愛する	moneō　警告する
単	1	amō	moneō
	2	amās	monēs
	3	amat	monet
複	1	amāmus	monēmus
	2	amātis	monētis
	3	amant	monent

§ 26. amā-, monē- の部分を現在幹(present stem)という．一人称単数(第一活用)では幹末の母音 ā が人称語尾 -ō の中に呑み込まれている．第二活用では幹末の母音が短くなっている．また第一，第二活用とも三人称の単数と複

III 動詞活用　現在直説法能動相　第一，第二活用

数においても，人称語尾 -t, -nt の前で幹末の母音が短くなっている．

§27. 人称と数が活用によって示されているので，代名詞の主語を置くということは，主語を強調する時以外にはない．

§28. 現在は「……している」の意味もあらわしうる．「……する」か，「……している」かは文脈で判断することになる．

§29.

dum （……する）間	spīrō　息をする
nōn　ない	videō　見る，見える（見る能力がある）
peccō　罪を犯す	
spērō　希望する	

§30.　練習問題 3

1. Peccās. 2. Nōn peccō. 3. Vidēs? 4. Videō. 5. Dum spīrō, spērō.（アメリカ南カロライナ州の標語）

§31.　練習問題 4

1. あなたたちは罪を犯している．2. 我々は罪を犯していない．3. あなたたちは見えているのか．4. 私たちは見えている．5. 息のある限り（dum），我々は希望を持ちつづける．

IV 名詞活用　第一活用

§32. 名詞は活用して数(number)と格(case)を区別し，性(gender)を有する．

§33. 性には男性(masculine)，女性(feminine)，中性(neuter)の三つがある．

§34. 数には単数と複数の二つがある．

§35. 格には主格(nominative)，呼格(vocative)，属格(genitive)，与格(dative)，対格(accusative)，奪格(ablative)がある．

§36. 第一活用

puella　少女

単			複		
主・呼	puella		主・呼	puellae	
属	puellae		属	puellārum	
与	puellae		与	puellīs	
対	puellam		対	puellās	
奪	puellā		奪	puellīs	

§37. 第一活用の大部分は女性である．少数が男性である．以下それぞれを *f.* と *m.* の略号で示す．女性とか男性であるということの意味は後に説明される(cf. §62)．

§38. 活用の型を示すために単数主格形に加えて，単数属格形の語尾を添えて示すのが習慣である．例　puella, ae

§39. 格の用法の詳細は少しずつ学ぶことになるが，その大略は次の通りである．

主格	puella	少女が(は)
呼格	puella	少女よ

属格	puellae	少女の
与格	puellae	少女に
対格	puellam	少女を
奪格	puellā	少女から

§40.

ambulō　歩く
cum　……といっしょに［奪格支配］
dōnō　与える，捧げる
fōrma, ae, *f*.　姿

laudō　ほめる
rīdeō　笑う
rosa, ae, *f*.　ばら
stō　立つ

§41.　練習問題 5

1. Puella[1] stat et rīdet.　2. Puellam amō[2].　3. Puellae[3] rosam dōnō.　4. Fōrmam puellae laudō.　5. Cum puellā ambulō.

（註）　1. ラテン語には定冠詞も不定冠詞もない．「(その)……」か「(或る)……」かは文脈で判断することになる．2. 動詞が文末に来るのが普通の語順とされている．3. 間接目的語は直接目的語の前に来るのが普通の語順とされている．

§42.　練習問題 6

1. 少女たちが立って笑っている．2. 少女たちを彼らは愛している．3. 少女たちにばら［複数］を彼らは贈る．4. 少女たちの姿［単数も使える．ひとまとめにして言う感じになる］を彼らはほめる．5. 少女たちといっしょに彼らは歩く．

V 動詞 第三, 第四, 第五活用

§43. 現在直説法能動相(第三, 第四, 第五活用)

		emō 買う	audiō 聞く	capiō 取る
単	1	emō	audiō	capiō
	2	emis	audīs	capis
	3	emit	audit	capit
複	1	emimus	audīmus	capimus
	2	emitis	audītis	capitis
	3	emunt	audiunt	capiunt

§44. 第三活用の現在幹は, 幹末の母音が単数一人称語尾 -ō の中に呑み込まれている. 複数三人称では u, その他では i になっている.

§45. 第四活用の複数三人称語尾の前が i ではなく, iu である点に注意.

§46. 第五活用は単数一人称, 複数三人称では第四活用に等しく, 単数二人称, 複数一, 二人称では第三活用に等しい. 単数三人称では第三, 第四活用の双方に等しい.

§47.

bene 善く
discō[第三活用] 学ぶ
diū 長く
et そして
neque...neque... ……も……もない

nesciō[第四活用] 知らないでいる(nōn sciō とは普通言わない)
sapientia, ae, *f.* 知恵
sciō[第四活用] 知っている
sed しかし
vīvō[第三活用] 生きる

V 動詞 第三, 第四, 第五活用

§48. 練習問題7
1. Scīs? 2. Nesciō. 3. Nōn bene vīvis. 4. Diū vīvis sed sapientiam nōn discis. 5. Neque vidēs neque audīs.

§49. 練習問題8
1. あなたがたは知っているか．2. 我々は知らない．3. あなたがたは善く生きていない．4. 彼らは長く生きていて，知恵を学んでいる．5. あなたがたは見ることも聞くこともしない．

§50. ［引用句1］

Plūs quam dīmidium tōtīus est prīncipium.（アリストテレス『ニコマコス倫理学』1098b7）

始めというものは全体の半分以上にも当る．

（解説）　1. plūs「より多くのもの」．2. quam「……よりも」．3. dīmidium「半分」．4. tōtīus「全体の」．5. est「……である」．6. prīncipium「始め」．

VI 名詞 第二活用(1)

§51. 第二活用

		dominus 主人	verbum 言葉
単	主	dominus	verbum
	属	dominī	verbī
	与	dominō	verbō
	対	dominum	verbum
	奪	dominō	verbō
	呼	domine	verbum
複	主・呼	dominī	verba
	属	dominōrum	verbōrum
	与	dominīs	verbīs
	対	dominōs	verba
	奪	dominīs	verbīs

§52. 第二活用に属する名詞のうち，単数主格の語尾が us に終わる語の大部分は男性，少数が女性である．um に終わる語は中性（以下 *n*. の略号で示す）である．

§53. 第二活用に属する名詞で us に終わる語の単数に限り，特別の呼格形がある．例 domine 主よ．

§54. 中性名詞は，第二活用に限らず，後に説明されるすべての活用において主格と対格とが同形（単数においても複数においても）である．そして複数の主格・対格は常に a で終わる（ちなみに，第一活用の主格単数と混同しないよう注意を要する）．

VI　名詞　第二活用(1)

§55.

bellum, ī, *n*.　戦争	servus, ī, *m*.　奴隷
est　である[単数三人称]	sunt　である[複数三人称]
malum, ī, *n*.　悪	supplicium, ī, *n*.　刑罰, 苦悩
serviō[第四活用]　仕える, 隷従する	vīta, ae, *f*.　人生, 生命, 生活
	vocō[第一活用]　呼ぶ

§56.　練習問題 9

1. Dominus servōs vocat. 2. Servī dominō serviunt. 3. Servī verba dominī audiunt. 4. Vīta supplicium est[1]. (セネカ『[ポリュビウス宛]慰め』9, 6)　5. Bellum est malum[2].

　(註)　1. cf. §41(註2).　2. malum が普通の語順でないことによって多少強調されていることになろう.

§57.　練習問題 10

1. 奴隷たちが主人を呼んでいる. 2. 主人が奴隷に仕えている. 3. 主人が奴隷たちの言葉を聞いている. 4. 人生は空虚(vānitās)である. 5. 戦争[複数]は悪である.

§58.　[引用句 2]

　　In ūnāquāque rē maximum est prīmōrdium. (プラトン『国家』377 A)
　　何事であれ, 始めがもっとも肝心である.

　(解説)　1. in「……において」. 2. ūnāquāque「それぞれの……も」. 3. rē「物事」. 4. maximum「もっとも大きい」. 5. prīmōrdium, ī, *n*.「発端」.

VII 形容詞活用 第一,第二活用(1)

§ 59. 第一,第二活用(1)

bonus よい

		男性	女性	中性
単	主	bonus	bona	bonum
	属	bonī	bonae	bonī
	与	bonō	bonae	bonō
	対	bonum	bonam	bonum
	奪	bonō	bonā	bonō
	呼	bone	bona	bonum
複	主・呼	bonī	bonae	bona
	属	bonōrum	bonārum	bonōrum
	与	bonīs	bonīs	bonīs
	対	bonōs	bonās	bona
	奪	bonīs	bonīs	bonīs

§ 60. 形容詞は数と格のみならず,(名詞と異なり)性に従っても活用する.

§ 61. 形容詞第一,第二活用は,女性形は名詞の第一活用に,男性形と中性形は名詞の第二活用に準じて活用する.

§ 62. 形容詞が名詞を形容する場合,名詞の性・数・格に一致しなければならない.

　例　dominum bonum　よい主人を, fēminārum bonārum　よい女たちの

　しかし,このことは,活用語尾の形が同じであるという意味ではないので注意.形が異なる場合もあるわけである.

　例　agricola(*m*.) bonus　よい農夫, pōpulōrum(*f*.) bonārum　よいポプラの木の

VII 形容詞活用 第一，第二活用(1)

§63. dominus bonus が「よい主人」を意味する場合，形容詞は属性的に用いられているという．dominus bonus は「(その)主人はよい」を意味する場合もある[1]．その場合は述語的に用いられているという．どちらかは文脈によって判断することになる．

（註） 1. 短文，格言等では est あるいは sunt がしばしば省略される．

§64. 属性的に用いられる場合，名詞の後に置かれるのが普通の語順で，前に置くと形容詞が多少強調されることになる．

例　populus Rōmānus　ローマの国民，vēra amīcitia　真実の友情

§65. 形容詞はそのままで名詞としても普通に用いられる．この点，注意を要する．

例　bonī　　　　　　　よい男たち(人々)
　　bonum　　　　　　よきもの，善
　　bona[中性複数]　　財産

§66.

ad　……へ，……の方へ[対格支配]	formīca, ae, *f*.　蟻
cārus, a, um　親しい，愛する	longus, a, um　長い
cicāda, ae, *f*.　蟬	malus, a, um　悪い
contemnō[第三活用]　軽蔑する	mittō[第三活用]　送る
culpō[第一活用]　とがめる	multus, a, um　多くの
epistula, ae, *f*.　手紙	puer, erī, *m*.(cf. §§79, 80)　少年

§67. 練習問題 11

1. Dominus laudat bonōs servōs[1], culpat malōs. 2. Servī laudant bonum dominum[1], malum contemnunt. 3. Puer epistulam longam ad cāram puellam mittit. 4. Puer cārae puellae rosās dōnat. 5. Cicāda cicādae cāra[1], formīca formīcae[2].

（註） 1. 対比等の効果を出すために接続詞 et 等が省略されることがよくある． 2.

cicāda と formīca を (cicād)a と (for)mīca に切ってつなげると，この文の意味が示唆する語 amīca「(女)友達」になるということば遊びにもなっている．

§68. 練習問題12

1. 主人はよい奴隷[単数]をほめ，悪い奴隷[単数]をとがめる．2. 奴隷[複数]はよい主人[複数]をほめ，悪い主人[複数]を軽蔑する．3. 少女は，好きな男の子に沢山の(multus, a, um)手紙を送る．4. 男の子たち(puerī)は好きな少女たちにばらを贈る．5. 蝉は蝉と，蟻は蟻と仲がよい[蝉も蟻も複数で]．

§69. ［引用句3］

  Graecī sapientiam quaerunt.(『コリント前書』1, 22)

  ギリシャ人は知恵を求める．

(解説)　1. Graecus, a, um「ギリシャの」(cf. §65)．2. quaerō[第三活用]「捜し求める，探求する」．

VIII 未完了過去直説法能動相

§70. 未完了過去

	amō	moneō	emō
	1.	2.	3.
単 1	amābam	monēbam	emēbam
2	amābās	monēbās	emēbās
3	amābat	monēbat	emēbat
複 1	amābāmus	monēbāmus	emēbāmus
2	amābātis	monēbātis	emēbātis
3	amābant	monēbant	emēbant

	audiō	capiō
	4.	5.
単 1	audiēbam	capiēbam
2	audiēbās	capiēbās
3	audiēbat	capiēbat
複 1	audiēbāmus	capiēbāmus
2	audiēbātis	capiēbātis
3	audiēbant	capiēbant

§71. 第一，第二活用単数一人称は現在幹に -bam を付して作る．第三，第四，第五活用は単数一人称末尾 -bam の前がそれぞれ ē, iē, iē となる．

§72. 他の人称形は単数一人称末尾 -am の部分を第一活用現在のように活用させれば得られる．

§73. 未完了過去は「……していた」「……せんとしていた」のごとく，過去における継続，反復・習慣，開始の意を表わす．

§ 74.

clāmō［第一活用］　叫ぶ
contrā　……に対抗して［対格支配］
cottīdiē　毎日

injūria, ae, *f*.　不正，不法
resistō［第三活用］　抵抗する
taceō［第二活用］　黙る

§ 75.　練習問題 13

1. Injūriam vidēbās sed tacēbās. 2. Tacēbant sed clāmābant. 3. Audiēbant sed tacēbant. 4. Resistēbam contrā injūriam. 5. Ad puellam rosam cottīdiē mittēbam.

§ 76.　練習問題 14

1. 彼らは不法を見ていたが，しかし黙っていた．2. 我々は黙っていた，しかし叫んでいたのだ．3. 私は聞いていた，しかし黙っていた．4. 我々は不正に対して抵抗していた．5. 少女にばらを彼は毎日送っていた．

IX 名詞 第二活用 (2)

§77. 第二活用の -ius に終わる語の単数呼格は -ie ではなくて, -ī である(cf. §53). 例 fīlī(fīlius) 息子よ

また paenultima が短くても, アクセントは paenultima にある(cf. §15).

例 Vergilī[ウェルギリー](cf. Vergilius[ウェルギリウス])

§78. 第二活用の -ius, -ium に終わる語の単数属格は -iī のほかに -ī もある. 後者の方が普通の形である.

また後者の場合 paenultima が短くても, アクセントは paenultima にある.

例 Vergilī[ウェルギリー](cf. Vergiliī[ウェルギリイー]), ingenī[インゲニー](cf. ingeniī[インゲニイー]) 才能

§79. puer 少年, ager 耕地

単	主・呼	puer	ager	複	主・呼	puerī	agrī
	属	puerī	agrī		属	puerōrum	agrōrum
	与	puerō	agrō		与	puerīs	agrīs
	対	puerum	agrum		対	puerōs	agrōs
	奪	puerō	agrō		奪	puerīs	agrīs

§80. puer のように単数主格および呼格末尾(-us と -e)が, r の後ろで消失しているものがある.

§81. ager のように単数主格および呼格末尾(-us と -e)が, r の後ろで消失し, かつ r の前に e を発生させているものがある.

-er で終わる第二活用の語は, e が元来のものか, 単数主・呼格だけにあらたに発生したものかは, 単数主格形だけからはわからない. socer, erī「しゅうと」, ager, agrī のように併記された単数属格形から判別することになる.

§82.

discipulus, ī, *m*. 生徒	liber, brī, *m*. 本
doceō［第二活用］ 教える	magister, trī, *m*. 教師
errō［第一活用］ 誤る	nunc 今
legō［第三活用］ 読む	

§83. 練習問題 15

1. Magister discipulōs docēbat. 2. Discipulī verba magistrī audiēbant. 3. Discipulī librōs legēbant. 4. Errābās, puer[1], sed nunc nōn errās. 5. Errās, fīlī[1].

（註） 1. 呼格は文頭より第二番目以降の位置に来るのが普通とされている．

§84. 練習問題 16

1. 教師たちが生徒らを教えていた．2. 生徒たちが教師たちの言葉を聞いていた．3. 少年が本［単数］を読んでいる．4. 少年［複数］よ，君たちは誤っていた，しかし今は誤っていない．5. 息子よ，おまえは誤っていた．

X 形容詞 第一，第二活用(2)

§85. līber 自由な

		男性	女性	中性
単	主・呼	līber	lībera	līberum
	属	līberī	līberae	līberī
	与	līberō	līberae	līberō
	対	līberum	līberam	līberum
	奪	līberō	līberā	līberō
複	主・呼	līberī	līberae	lībera
	属	līberōrum	līberārum	līberōrum
	与	līberīs	līberīs	līberīs
	対	līberōs	līberās	lībera
	奪	līberīs	līberīs	līberīs

§86. līber のように男性単数主・呼格の末尾(-us と -e)が，r の後ろで消失しているものがある(cf. §80).

§87. niger 黒い

		男性	女性	中性
単	主・呼	niger	nigra	nigrum
	属	nigrī	nigrae	nigrī
	与	nigrō	nigrae	nigrō
	対	nigrum	nigram	nigrum
	奪	nigrō	nigrā	nigrō
複	主・呼	nigrī	nigrae	nigra

属	nigrōrum	nigrārum	nigrōrum
与	nigrīs	nigrīs	nigrīs
対	nigrōs	nigrās	nigra
奪	nigrīs	nigrīs	nigrīs

§88. niger のように男性主・呼格の末尾(-us と -e)が r の後ろで消失し，かつ r の前に e を発生させているものがある(cf. §81).

līber と niger の上述の相違は，līber, era, erum；niger, gra, grum のように併記された女性，中性の単数主格から判別していくことになる．

§89.

aeger, gra, grum　病気の	porta, ae, *f*.　門
exspectō[第一活用]　待つ	prope　……の近くで[対格支配]
impiger, gra, grum　勤勉な	pulcher, chra, chrum　美しい
miser, era, erum　哀れな	saepe　しばしば
piger, gra, grum　怠慢な	vīsitō[第一活用]　訪ねる[対格支配]

§90.　練習問題17

1. Servus niger dominum prope portam exspectat. 2. Dominus servum nigrum laudat. 3. Dominus pigrōs servōs culpat. 4. Pulcher puer amābat puellam pulchram. 5. Pulchra puella saepe vīsitat puerum aegrum et miserum.

§91.　練習問題18

1. 主人が色の黒い奴隷を門の近くで待っている．2. 色の黒い奴隷たちが主人をほめる．3. 勤勉な奴隷たちを主人がほめていた．4. 美しい少女たちが美しい少年[単数]を愛していた．5. 美しい少年がしばしば病気の少女を訪ねていた．

§92. ［引用句4］

　　Beātī pācificī.（『マタイ伝』5, 9）

　　幸いなるかな，平和をつくり出す者たちは．

（解説）　1. beātus, a, um「幸いな」(beātī が述語的に用いられている．主語と述語の語順が入れ替わっているところから，どちらも多少強調されていることになろう)．2. pācificus, a, um「平和をつくり出す」(cf. §65)．

XI 未来直説法能動相

§93. 未来

	amō	moneō	emō	audiō	capiō
	1.	2.	3.	4.	5.
単 1	amābō	monēbō	emam	audiam	capiam
2	amābis	monēbis	emēs	audiēs	capiēs
3	amābit	monēbit	emet	audiet	capiet
複 1	amābimus	monēbimus	emēmus	audiēmus	capiēmus
2	amābitis	monēbitis	emētis	audiētis	capiētis
3	amābunt	monēbunt	ement	audient	capient

§94. 第一，第二活用単数一人称は現在幹(cf. §26)に bō を付してつくる．他の人称形は，単数一人称末尾の -ō の部分を第三活用現在のように活用させれば得られる．

§95. 第三，第四，第五活用単数一人称は am で終わる．現在幹末の母音は，第三活用では am の中に呑み込まれている．第四，第五活用では i となっている．

§96. 他の人称形は，単数一人称末尾の -am の部分を第二活用現在のように活用させれば得られる．したがって第二活用現在と第三活用未来を混同しないよう注意を要する．例　monet[第二活用現在．未来は monēbit]：emet[第三活用未来．現在は emit]

§97. 未来は「……しているだろう」のように，動作の継続を意味することもできる．また「……しよう」(一人称の場合)の意味もあらわしうる．そのいずれかは文脈で判別することになる．

XI 未来直説法能動相

§ 98.

etsī　たとえ……としても　　pecūnia, ae, f.　お金
mox　まもなく　　　　　　sī　もし……なら

§ 99. 練習問題 19

1. Tacent sed mox clāmābunt. 2. Sī injūriam vidēbunt, nōn tacēbunt. 3. Resistent contrā injūriam. 4. Pecūniam nōn capient. 5. Etsī monēbimus, nōn audient.

§ 100. 練習問題 20

1. あなたは黙っているが，じきに叫ぶだろう．2. 我々はたとえ不正を見ても (etsī)沈黙しているだろう．3. 我々は不正に対して抵抗しないだろう．4. 金を我々は受け取る(capiō)だろう．5. あなたが警告しても，我々は聞かないだろう．

§ 101. [引用句 5]

　　Cultūra animī philosophia est. (キケロ『トゥスクルム談義』2, 13)

　　心をたがやす――これが哲学をするということである．

(解説) 1. cultūra, ae, f. 「耕作，訓練，改善」(culture の語源)．2. animus, ī, m. 「心，魂」(属格 animī が「たがやす」という行為の目的語のような働きをしている．このような属格を目的語的な属格という)．3. philosophia, ae, f. 「哲学」(ギリシャ語で「愛知」の意)．

XII 前置詞. 所格. eō

§102. 前置詞は名詞，代名詞の対格形あるいは奪格形と用いられる．大部分の前置詞はどちらか一方とだけ用いられるが，若干のものはどちらとも用いられる．どちらとも用いられる前置詞は，格形の異なるに従って，意味も多少異なってくる．

§103. 対格および奪格と用いられるものの例．

	対格	奪格
in	……の中へ	……の中で，……において
		……の上で

§104. 対格と用いられるものの例．

  ad ……の方へ

§105. 奪格と用いられるものの例．

  ab(ā)[1] ……から

  ex(ē)[2] ……の中から

（註） 1. ab は母音と h の前で用いられる．また，p, b, f, v 以外の子音の前で用いられることもある．ā は p, b, f, v の前で用いられる．h 以外の子音の前で用いられることもある．2. ex は母音の前でも子音の前でも用いられる．ē は子音の前で用いられることがある．

§106. 上に示した in, ad, ab(ā), ex(ē) の意味は代表的なものであって，ほかにもさまざまな意味を表わす．他の前置詞についても同様であり，個々に学んでいくことになる．

§107. eō「行く」の現在直説法

単	1	eō	複	1	īmus
	2	īs		2	ītis
	3	it		3	eunt

§108. 現在幹 ī- が，人称語尾 -ō, -nt の前で e-, eu- となっている点，不規則で注意を要する．ちなみに未完了過去(単数一人称)は ībam, 未来(単数一人称)は ībō である．

§109.
- (1) Quō īs?　　　　　　どこへ行くのか．
    Rōmam(Lesbum).　　ローマへ(レスボス島へ)
- (2) Unde vēnistī¹?　　　どこから来たのか．
    Rōmā(Lesbō).　　　ローマから(レスボス島から)

(註)　1. veniō の完了単数二人称(cf. §§ 144, 145).

§110. 町と小島の名称は対格，奪格だけで「……へ」「……から」を意味し，in, ad, ab(ā), ex(ē) を用いない．

§111.
Ubi habitās?　　　　　　どこに住んでいるのか．
Rōmae(Lesbī, Athēnīs).　　ローマに(レスボス島に，アテーナイに)

§112. 町と小島の名称には所格(locative)という特別の格形があって，「……において」を意味する場合これを用いる．

所格は，第一，第二活用の単数形の場合は，それぞれの属格形と同形である(Rōmae, Lesbī)．複数形の場合は，奪格形と同形である(Athēnīs)．

§113.

Athēnae, ārum, *f. pl.*　アテーナイ	silva, ae, *f.*　森
dūcō [第三活用]　(道が)通じている	sub　……の下へ[対格支配]，……の下で[奪格支配]
lūdō [第三活用]　遊ぶ	terra, ae, *f.*　土地，地面
oppidum, ī, *n.*　城市，町	ubi　どこで
per　……を通って[対格支配]	vādō [第三活用]　行く(特に，急いで，あるいは目的をもって)
quō　どこへ	via, ae, *f.*　道

§114. 練習問題 21

1. Puerī in viā cum puellīs lūdēbant. 2. Longa via dūcit per oppidum in silvam. 3. Quō vādis, Domine? Rōmam. (cf.『ヨハネ伝』16, 5) 4. Ubi habitābant? Rōmae sed nunc Athēnīs. 5. Sub terrā diū habitant cicādae.

§115. 練習問題 22

1. 少年[単数]が道で少女[単数]と遊んでいる．2. 多くの(multus)道が町々を通って森の中に通じている．3. どこへ彼らはいくのか．ローマからタレントゥム(Tarentum, ī, *n*.)を通ってブルンディシウム(Brundisium, ī, *n*.)へ．4. どこにあなたは住んでいるのか．タレントゥムに．5. 蟻(formīca)も(quoque cf. id quoque「それも」)地下に住んでいる．

XIII　不定詞(現在能動相)．sum, possum

§116. 不定詞(現在能動相)

amō	moneō	emō	audiō	capiō
1.	2.	3.	4.	5.
amāre	monēre	emere	audīre	capere

不定詞(現在能動相)は現在幹に re を添えた形である．なお，第三，第五活用では幹末の母音が e になっている点に注意．

活用の型を示すために現在直説法単数一人称形に加えて，不定詞の語尾を添えて示すのが習慣である．例　amō, āre (cf. emō, ere)

§117. sum「である，がある」，possum「できる」の現在直説法

単	1	sum	possum
	2	es	potes
	3	est	potest
複	1	sumus	possumus
	2	estis	potestis
	3	sunt	possunt

§118. sum の活用は語幹に su と es が混在する等，不規則である．possum の pos- が母音の前で pot- となっている点に注意．pot- が元来の形で，pos- は，pot- が s の前でこれに同化して，pos- となったものである．

§119. sum の不定詞(現在)は esse で，現在幹 es に se を添えた形である．この se が元来の不定詞の語尾で，第一〜第五活用動詞の不定詞語尾 re は，se の s が母音間で r に変化したものである．

possum の不定詞(現在)は posse である(potesse でない点に注意)．

§ 120. sum および possum の未完了過去単数一人称は，それぞれ eram, poteram である．eram の r は現在幹 es の s が母音間で r に変化したもの．他の人称形は -am の部分を第一活用現在のように活用させれば得られる (cf. § 72)．

§ 121. sum および possum の未来単数一人称はそれぞれ erō, poterō である．他の人称形は -ō の部分を第三活用現在のように活用させれば得られる (cf. § 94)．

§ 122.

beātus, a, um 幸福な	lūdus, ī, *m*. 学校
crās 明日	maneō, ēre 留まる
dēbeō, ēre ……ねばならない	nōndum まだ……ない
domī 家に	quod ……(なの)だから
hodiē 今日	sānus, a, um 健康な
jūstus, a, um 正しい	valeō, ēre 健康である

§ 123. 練習問題 23

1. Nōndum potes ad lūdum īre[1], quod aeger[2] es. 2. Hodiē domī manēre dēbēs. 3. Crās poteris ad lūdum īre[1] sī valēbis. 4. Diū aeger erat, mox sānus erit. 5. Jūstī sī eritis, beātī eritis.

　(註)　1. eō「行く」の不定詞．2. 主語の性別に注意．

§ 124. 練習問題 24

1. おまえたち[男性で，あるいはまた女性で]はまだ学校にいけないよ，病気なんだから．2. 今日はおまえたち，家にいなければいけないよ．3. 明日，身体の具合がよくなれば，おまえたち，学校に行けるだろう．4. 長い間私[女性]は病気でしたが，今は(nunc)健康です．5. もしあなた[女性]が正しければ，善く(bene)生きることができるだろう．

§125. ［引用句 6］

　　In prīncipiō erat Verbum.（『ヨハネ伝』1, 1）

　　始めに，ことばはあった．

（解説）　1. prīncipium, ī, n.「始め」．in prīncipiō が文頭に置かれていて，この語句がそれだけ多少強調されていることになろう．2. Verbum と訳されている原語のギリシャ語（ロゴス）には「既知」を意味する定冠詞「ホ」が付いているので，藪から棒の感じもあるが，「既知」のニュアンスを助詞「は」で訳してみた．

XIV 名詞 第三活用(1)——i音幹名詞

§126. 活用語尾のみを表示すれば次の通りである．

		男・女性	中性
単	主・呼	-is 又は -ēs	—— 又は -e
	属	-is	-is
	与	-ī	-ī
	対	-em 又は -im	—— 又は -e
	奪	-e 又は -ī	-ī
複	主・呼	-ēs	-ia
	属	-ium	-ium
	与	-ibus	-ibus
	対	-ēs 又は -īs	-ia
	奪	-ibus	-ibus

§127. collis, *m*. 岡　vulpēs, *f*. 狐　animal, *n*. 動物　mare, *n*. 海

単	主・呼	collis	vulpēs	animal	mare
	属	collis	vulpis	animālis	maris
	与	collī	vulpī	animālī	marī
	対	collem	vulpem	animal	mare
	奪	colle	vulpe	animālī	marī
複	主・呼	collēs	vulpēs	animālia	maria
	属	collium	vulpium	animālium	marium
	与	collibus	vulpibus	animālibus	maribus
	対	collēs, īs	vulpēs, īs	animālia	maria
	奪	collibus	vulpibus	animālibus	maribus

XIV 名詞 第三活用(1)——i 音幹名詞

§128. -is で終わるものは男性または女性，-ēs に終わる語は女性である．

§129. animal の単数主・対格で母音が他の活用形 āl に対し al と短い点に注意．

§130. 男・女性の単数対・奪格形および複数対格形には両形ある．前者は新形，後者は古形である．語によっては古形の方がよく用いられる．例　turrim (em)　塔を

§131. i 音幹名詞という名称は，複数属格末尾 um，中性複数主・対格末尾 a などの前が i という音であることにもとづく．

§132.

altus, a, um　高い，深い（上の方向と下の方向とを区別しない）
cīvis, is, *m. f.* [性別に従って，男性としても女性としても用いられる]　市民
concordia, ae, *f.*　協調
edō, ere　食べる

patria, ae, *f.*　祖国
pensitō, āre　払う
perīculum, ī, *n.*　危険
piscis, is, *m.*　魚
servō, āre　救う
vallēs, is, *f.*　谷
vectīgal, ālis, *n.*　税金

§133. 練習問題 25

1. In marī habitant multī piscēs. 2. Vulpēs habitat in valle altā. 3. Animal edit animal. 4. Cīvēs dēbent vectīgālia pensitāre. 5. Concordia cīvium in perīculīs bellī patriam servat.

§134. 練習問題 26

1. 海[複数]にはたくさんの魚が住んでいる．2. 狐[複数]が深い谷間[複数]に住んでいる．3. 動物[複数]が動物[複数]を食べる．4. 市民[単数]は税[単数]を払わなければならない．5. 市民[集合名詞的に単数で]の一致協調は戦争[複数]による危機にあって，祖国を救うものである．

§ **135.** ［引用句 7］

　　Animula vagula blandula.（ハドリアヌス『小詩』3, 1）

　　さまよい行く，いとおしき魂よ．

（解説）　1. animula, ae, *f*. anima（魂）に指小接辞 -ula が付いた形．ここでは呼格．死に臨んで自分の魂に呼びかけているもの．2. vagulus, a, um　vagus, a, um（放浪する，不安定な）に同様の指小接辞がついた形．3. blandulus, a, um　blandus, a, um（魅惑的な）に同様の指小接辞がついた形．4. 接続詞の省略には高揚していく感情を表わす効果もある．cf. § 67［註 1］．

XV　形容詞　第三活用(1)——i音幹形容詞

§ 136.　omnis, omnis, omne　すべての　　ācer, ācris, ācre　鋭い

		男・女性	中性	男性	女性	中性
単	主・呼	omnis	omne	ācer	ācris	ācre
	属	omnis	omnis	ācris	ācris	ācris
	与	omnī	omnī	ācrī	ācrī	ācrī
	対	omnem	omne	ācrem	ācrem	ācre
	奪	omnī	omnī	ācrī	ācrī	ācrī
複	主・呼	omnēs	omnia	ācrēs	ācrēs	ācria
	属	omnium	omnium	ācrium	ācrium	ācrium
	与	omnibus	omnibus	ācribus	ācribus	ācribus
	対	omnēs, īs	omnia	ācrēs, īs	ācrēs, īs	ācria
	奪	omnibus	omnibus	ācribus	ācribus	ācribus

§ 137.　omnis は男・女性同形で collis の活用(cf. § 127)に準じる．なお単数奪格語尾は -e ではなく -ī が普通．中性形 omne は mare の活用(cf. § 127)に準じる．

§ 138.　男性主格単数 ācer は r のうしろで is が消失し，r の前に e が発生してできた語形である(cf. §§ 81, 88)．その他の活用形は omnis, omne に準じる．なお女性主格単数 ācris は omnis 型などの影響により保持された形，あるいは ācer がいわば修復された形である．

§ 139.

commodum, ī, n.　利益
difficilis, e　難しい
etiam　……さえ

facilis, e　易しい，容易な
fēmina, ae, f.　女性
fortis, e　強い

gravis, e　重い
jūstitia, ae, *f.*　正義
mollis, e　柔らかい，平穏な
placeō, ēre　好ましく思われる，気に入る[好む対象は主格あるいは(主語として機能する)不定詞，それを好む主体は与格で表わされる]
probus, a, um　立派な

§140. 練習問題27

1. Etiam cīvibus probīs nōn placet gravia vectīgālia pensitāre. 2. Fēmina mollis sed fortis et ācris. 3. Bellum omne malum. 4. Jūstitia est fortis[1] commodum. 5. Fortibus[2] vīvere est facile[3].

(註) 1. cf.§65. 2.「……にとって」を示す与格(事柄，人物などの性質を示す語と用いられる与格，方向の与格，あるいは関係の与格と言われたりする). 3. 不定詞は中性単数として扱われる．

§141. 練習問題28

1. 若者たちは難しい本を読むことを好む．2. 女性[複数]は従順(mollis, e)だが，強くて鋭い．3. 戦争[複数]はすべて悪である．4. 正義とは強い人々の利益である．5. 不幸な人々(miser, misera, miserum)にとっては生きることは重い刑罰である．

§142. [引用句8]

　　　　Nōn amo[1] tē, Sabidī, nec possum dīcere quārē:
　　　　hoc tantum possum dīcere: nōn amo[1] tē.

　　　　　　　　　　(マルティアリス『寸鉄詩集』1, 32)

虫が好かないね，君という男は，サビディウス君，なぜだか知らないけど．
　　　　ただこれだけは言える，虫が好かないね，君という男は．

(解説) 1. 韻律の都合上 amō ではなく，amo というように o は短く発音される．2. tē「あなたを」．3. nec「しかし……ない」．4. dīcō, ere「言う」．5. quārē「なぜか」．6. hoc「これ」．7. tantum「だけ」．

XVI 完了直説法能動相

§143. 完了

		amō	moneō	emō	audiō	capiō
		1.	2.	3.	4.	5.
単	1	amāvī	monuī	ēmī	audīvī	cēpī
	2	amāvistī	monuistī	ēmistī	audīvistī	cēpistī
	3	amāvit	monuit	ēmit	audīvit	cēpit
複	1	amāvimus	monuimus	ēmimus	audīvimus	cēpimus
	2	amāvistis	monuistis	ēmistis	audīvistis	cēpistis
	3	amāvērunt	monuērunt	ēmērunt	audīvērunt	cēpērunt

§144. amāv-, monu-, ēm-, audīv-, cēp- の部分を完了幹(perfect stem)という．

第一，第四活用の多くは，現在幹に v を加えて作られる．第二活用の多くは，現在幹の幹末母音 ē を u に取り替えて作られる(以上は完了幹の規則的形成法)．

その他は不規則動詞として個々に学ぶことになる．細かい点には目をつぶって，よく見られるタイプを示せば，

(イ) 母音を長くする．

  agō, ere　行う　　ēgī
  faciō, ere　作る　fēcī
  lavō, āre　洗う　lāvī (lavāvī でない点に注意)
  sedeō, ēre　座る　sēdī (seduī でない点に注意)

(ロ) 語頭の子音に母音を加えて，語頭に添える(つまり繰り返す)．

  cadō, ere　倒れる　cecidī
  currō, ere　走る　cucurrī

　　　　mordeō, ēre　噛む　　momordī (morduī でない点に注意)

(ハ) s を加える．

　　　　dīcō, ere　言う　　(dīc-s-ī) dīxī
　　　　scrībō, ere　書く　　scrīpsī

§145. 完了の人称語尾は，現在，未完了過去，未来のそれと異なる点があるので注意 (ī, istī, istis)．複数三人称語尾には -ērunt の他に，別形 -ēre がある．

§146. 完了幹が āv, ēv, īv で終わっているものは，二人称単・複数，三人称複数において amā(vi)stī, amā(vi)stis, amā(vē)runt, dēlē(vi)stī, dēlē(vi)stis, dēlē(vē)runt (dēleō, ēre　滅ぼす)，audī(vi)stī, audī(vi)stis のように vi, vē の部分が脱落している形も用いられる．

なお īv で終わるものの三人称複数の別形は audīrunt ではなく audiērunt である．つまり，v が落ち，その前が短母音になる．

また īv で終わっているものは，一・三人称単数，一人称複数において iī, iit, iimus という別形も用いられる．例　petiī (petīvī), petiit (petīvit), petiimus (petīvimus), (petō, ere　得ようとする)

§147. 完了は，(イ) 未完了過去が「……していた」の意味であるのに対して，「……した」の意をあらわす．又 (ロ) 動作が完了してその結果が現在に続いている (Nōvī. 私は知っている) あるいは「……し終えている」(Vīxērunt. 彼らは生きることを終えている，もう生きていない) の意も表わしうる．

§148.

　　　adjuvō, āre, jūvī　助ける
　　　āmīsī　āmittō [失う] の完了
　　　Atticus, ī, m.　(キケロの友人)
　　　caelum, ī, n.　空，天
　　　castra, ōrum, n. pl.　陣営
　　　constituō, ere, uī　決める
　　　dēleō, ēre, ēvī　破壊する
　　　fluvius, ī, m.　川
　　　hostis, is, m. f.　敵
　　　interficiō, ere, fēcī　殺す
　　　noster, tra, trum　我々の
　　　occupō, āre, āvī　占領する
　　　pōnō, ere, posuī　置く，つくる
　　　prō　……のために [奪格支配]

socius, ī, *m.* 仲間

§149. 練習問題 29

1. Hostēs prope fluvium castra pōnere constituērunt. 2. Rōmānī multa oppida occupāvērunt et dēlēvērunt. 3. Hostēs interfēcimus et sociōs adjūvimus. 4. Fīliī nostrī vītam āmīsērunt prō patriā. 5. Cicerō multās epistulās ad Atticum mīsit (cf. mittō).

§150. 練習問題 30

1. 敵どもは川のそばに陣営をつくることに決めるだろう．2. 我々は多くの町々を占領し，そして破壊した．3. 我々は敵どもを殺し，仲間たちを助けた．4. 私の (meus, a, um) 息子は祖国のために命を失った．5. キケロはアッティクスに手紙を送った．

§151. [引用句 9]

In prīncipiō creāvit Deus caelum et terram.(『創世記』1, 1)

初めに，神は天と地を創造された．

(解説) 1. creō, āre「創造する」．第二活用のようであるが，第一活用なので注意．

XVII　過去完了および未来完了直説法能動相

§152. 過去完了

		amō 1.	moneō 2.	emō 3.
単	1	amāveram	monueram	ēmeram
	2	amāverās	monuerās	ēmerās
	3	amāverat	monuerat	ēmerat
複	1	amāverāmus	monuerāmus	ēmerāmus
	2	amāverātis	monuerātis	ēmerātis
	3	amāverant	monuerant	ēmerant

		audiō 4.	capiō 5.
単	1	audīveram	cēperam
	2	audīverās	cēperās
	3	audīverat	cēperat
複	1	audīverāmus	cēperāmus
	2	audīverātis	cēperātis
	3	audīverant	cēperant

§153. 過去完了は，完了幹に sum の未完了過去と同じ形を加えて作られる．

§154. 未来完了

		amō 1.	moneō 2.	emō 3.
単	1	amāverō	monuerō	ēmerō
	2	amāveris	monueris	ēmeris

XVII 過去完了および未来完了直説法能動相　　　41

		3	amāverit	monuerit	ēmerit
複		1	amāverimus	monuerimus	ēmerimus
		2	amāveritis	monueritis	ēmeritis
		3	amāverint	monuerint	ēmerint

			audiō	capiō
			4.	5.
単		1	audīverō	cēperō
		2	audīveris	cēperis
		3	audīverit	cēperit
複		1	audīverimus	cēperimus
		2	audīveritis	cēperitis
		3	audīverint	cēperint

§155. 未来完了は，完了幹に sum の未来と同じ形を加えて作られる．ただし複数三人称は別で，erunt ではなく erint を加えて作られる．

§156. 完了幹が āv, ēv で終わるものは，ve の部分が脱落している形も用いられる．例　amāram(amāveram), amārō(amāverō), dēlēram(dēlēveram).
　īv で終わるものは，īve の部分が ie となっている形も用いられる．例　audieram(audīveram), audierō(audīverō).

§157. 過去完了は，過去のある時点より前に完了していたことを，未来完了は，未来のある時点より前に完了しているであろうことを意味する．

§158.

abeō, īre, īvī (cf. eō)　立ち去る
adveniō, īre, vēnī　到着する
dē　……について[奪格支配]
fugiō, ere, fūgī　逃げる
Gallī, ōrum, *m. pl.*　ガリア人
　(cf. §174 Gallia)
gerō, ere, gessī　(戦争，国政などを)行う
Haeduī, ōrum, *m. pl.*　ハエドゥイ族(ガリアの一部族)
inveniō, īre, vēnī　発見する
peragrō, āre, āvī　遍歴する，さ

まよう
proelium, ī, n. 戦闘
quandō ……時に
rebellō, āre, āvī 背く, 反乱を起こす

Sēquanī, ōrum, m. pl. セークワニー族(ガリアの一部族)
tandem ついに, とうとう
ubi ……時に

§159. 練習問題 31

1. Ubi Rōmānī abierint, Gallī rebellābunt. 2. Quandō Caesar adveniet, Gallī in silvam fūgerint. 3. Rōmānī in silvā diū peragrārant; tandem castra hostium invēnērunt. 4. Proelia multa Sēquanī gesserant et Haeduōs multōs interfēcerant. 5. Puellam dē perīculīs monueram.

§160. 練習問題 32

1. カエサルが立ち去ってしまえば(ubi), ガリア人は暴動を起こすだろう. 2. あなたがたが到着する時には, 敵は陣営を築いて(construō, ere, rūxī)しまっているだろう. 3. 我々は長い間森をさまよっていた, ついに敵の陣営を見つけた. 4. 我々は(それまでに)多くの戦闘を行い, 多くの敵を殺した. 5. 少女たちに危険について警告しておいたのだが.

XVIII　名詞　第三活用(2)——黙音幹名詞

§161.　p, b, t, d, c[k], g を黙音(mute)という．

§162.　第三活用 i 音幹名詞の活用語尾を §126 に示した．i 音幹名詞以外の第三活用名詞の語尾もほぼそれと同じだが，細かい違いもあり，大切なので繁をいとわず以下に示す．

		男・女性	中性
単	主・呼	-s 又は──	──
	属	-is	-is
	与	-ī	-ī
	対	-em	──
	奪	-e	-e
複	主・呼	-ēs	-a
	属	-um	-um
	与	-ibus	-ibus
	対	-ēs	-a
	奪	-ibus	-ibus

§163.　因みに i 音幹名詞の男・女性単数対・奪格，複数対格の新形 -em, -e, -ēs は上にあげた語尾が，i 音幹名詞においても用いられるようになったものである (cf. §130)．

§164.　prīnceps, *m.* 第一人者　jūdex, *m. f.* 審判者　rēx, *m.* 王　nepōs, *m.* 孫　pēs, *m.* 足　caput, *n.* 頭

単	主・呼	prīnceps	jūdex	rēx
	属	prīncipis	jūdicis	rēgis
	与	prīncipī	jūdicī	rēgī

対		prīncipem	jūdicem	rēgem
奪		prīncipe	jūdice	rēge
複	主・呼	prīncipēs	jūdicēs	rēgēs
	属	prīncipum	jūdicum	rēgum
	与	prīncipibus	jūdicibus	rēgibus
	対	prīncipēs	jūdicēs	rēgēs
	奪	prīncipibus	jūdicibus	rēgibus
単	主・呼	nepōs	pēs	caput
	属	nepōtis	pedis	capitis
	与	nepōtī	pedī	capitī
	対	nepōtem	pedem	caput
	奪	nepōte	pede	capite
複	主・呼	nepōtēs	pedēs	capita
	属	nepōtum	pedum	capitum
	与	nepōtibus	pedibus	capitibus
	対	nepōtēs	pedēs	capita
	奪	nepōtibus	pedibus	capitibus

§165. 男・女性単数主格では幹末子音 c, g に s が結合して x となる。これに気づかないと辞書で単数主格形が見つけられないことになるので注意を要する。幹末子音 t, d は s の前で脱落する。

§166. 単数主格(中性は対格も)は上記のほかにも，幹末において，その他の活用形と異なる場合が少なくない(例　prīncip- の i に対して prīnceps の e，ped- の e に対して pēs の ē，capit- の i に対して caput の u)。これらは不規則として一語一語について学ぶことになる。

§167.

arma, ōrum, *n. pl.*　武器，戦争
aureus, a, um　黄金の

colō, ere, luī　耕す，尊ぶ
inter　……の間に[対格支配]

juventūs, ūtis, *f.* 青春
lēx, lēgis, *f.* 法
lībertās, ātis, *f.* 自由
mediocritās, ātis, *f.* 中庸
molestus, a, um　いとわしい
pāx, ācis, *f.* 平和
plērīque, aeque, aque　きわめて多数の [-que の前が形容詞第一，第二活用(1)の複数形のように活用する]
putō, āre, āvī　思う，考える
reformīdō, āre, āvī　いみきらう
senectūs, tūtis, *f.* 老年
servitūs, tūtis, *f.* 奴隷状態
sileō, ēre, uī　沈黙する
tamquam　あたかも……のように

§168.　練習問題 33

1. Graecī servitūtem reformīdābant, amābant lībertātem. 2. Graecī lēgem tamquam rēgem colēbant. 3. Multī reformīdārunt pācem Rōmānam. 4. Inter arma silent lēgēs. 5. Juventūtem plērīque putant jūcundam, senectūtem molestam.

§169.　練習問題 34

1. ギリシャ人は奴隷状態をいみきらう，自由を愛する．2. ギリシャ人は法[複数]を王[単数]のように尊ぶ．3. 我々はローマの平和をいみきらう．4. 戦争の間は法[単数]は沈黙する．5. 青春は楽しく，老年はいとわしいとは私は思わない．

§170.　[引用句 10]

Aurea mediocritās.（ホラティウス『叙情歌集』2, 10, 5）

黄金の中庸．

（解説）　1. aurea は，参照したテキストでは属性的に用いられている（cf. §63）．この引用部分だけだと，「黄金なるかな，中庸は」のように述語的にも理解しうる．

XIX　名詞　第三活用(3)——混合幹名詞

§171. mons, *m.* 山

	単			複	
	主・呼	mons		主・呼	montēs
	属	montis		属	montium
	与	montī		与	montibus
	対	montem		対	montēs 又は īs
	奪	monte		奪	montibus

§172. 複数はi音幹名詞のように活用する（属格がium で終わる．対格にīs の別形がある）．単数は黙音幹名詞のように活用する（主格がis, ēs で終わっていない．対・奪格に，im, ī の別形がない）．

§173. ns, rs などに終わる一音節語に，この型の活用をするものが多い．

§174.

ars, artis, tium, *f.* 技術，技巧
avis, is, *f.* 鳥
cupiō, ere, pīvī 欲する
dens, dentis, tium, *m.* 歯
Gallia, ae, *f.* ガリア（フランス，ベルギー，北イタリアにわたる地域）
habeō, ēre, uī 持つ
lacrima, ae, *f.* 涙
lateō, ēre, uī 隠されている

niveus, a, um 雪のように白い
pars, partis, tium, *f.* 部分
prōsum, prōdesse, prōfuī [sum と同じ活用をする．なお，その際，prō- は母音の前では prōd- になる．prōdes（君は役に立つ）cf. possum, potes] 役立つ
tōtus, a, um 全体の
trēs, tria [omnis, omne の複数と同じ活用をする] 3 [数詞]
urbs, bis, bium, *f.* 都市

§175. 練習問題 35

1. Gallia tōta habet partēs trēs. 2. In montibus habitant multae avēs. 3. Nōn

cupimus habitāre in urbe. 4. Niveōs habet mea puella dentēs. 5. Sī ars latet, prōdest. (オウィディウス『恋の技術』2, 313. Et[1] lacrimae prōsunt. ib. 1, 659)

(註) 1.「……も」．

§176. 練習問題 36

1. 魂(animus, ī, *m*.)全体は三つの部分を持っている(cf. プラトン『国家』435 C 〜441 C)．2. 山[単数]には鳥[単数]が住んでいる．3. 我々は都会[複数]の中に住むことを欲しない．4. 僕の彼女は美しい顔(frons, frontis, *f*.)をしている．5. テクニックも見え見えでは役に立たないよ．（泣いてみせるのも手だ）

XX 現在，未完了過去および未来の直説法受動相．不定詞（現在受動相）

§177. 現在（直説法受動相）

	amō	moneō	emō
	1.	2.	3.
単 1	amor	moneor	emor
2	amāris, re	monēris, re	emeris, re
3	amātur	monētur	emitur
複 1	amāmur	monēmur	emimur
2	amāminī	monēminī	emiminī
3	amantur	monentur	emuntur

	audiō	capiō
	4.	5.
単 1	audior	capior
2	audīris, re	caperis, re
3	audītur	capitur
複 1	audīmur	capimur
2	audīminī	capiminī
3	audiuntur	capiuntur

未完了過去

	1.	2.	3.
単 1	amābar	monēbar	emēbar
2	amābāris, re	monēbāris, re	emēbāris, re
3	amābātur	monēbātur	emēbātur

XX 現在，未完了過去および未来の直説法受動相．……　　49

複	1	amābāmur	monēbāmur	emēbāmur
	2	amābāminī	monēbāminī	emēbāminī
	3	amābantur	monēbantur	emēbantur
		4.	5.	
単	1	audiēbar	capiēbar	
	2	audiēbāris, re	capiēbāris, re	
	3	audiēbātur	capiēbātur	
複	1	audiēbāmur	capiēbāmur	
	2	audiēbāminī	capiēbāminī	
	3	audiēbantur	capiēbantur	

未来

		1.	2.	3.
単	1	amābor	monēbor	emar
	2	amāberis, re	monēberis, re	emēris, re
	3	amābitur	monēbitur	emētur
複	1	amābimur	monēbimur	emēmur
	2	amābiminī	monēbiminī	emēminī
	3	amābuntur	monēbuntur	ementur
		4.	5.	
単	1	audiar	capiar	
	2	audiēris, re	capiēris, re	
	3	audiētur	capiētur	
複	1	audiēmur	capiēmur	
	2	audiēminī	capiēminī	
	3	audientur	capientur	

§ 178. 各時称の単数二人称の形には，例えば amāris, amāre のように両形あ

る．前者 amāris は，後者 amāre が不定詞(現在能動相)と同形であるところからこれと区別するために生まれた形である．現在形では，前者が多用されるが，不定詞(現在能動相)と混同する恐れのない未完了過去，未来形では後者が多用される．

§179. 現在第三，第五活用，未来第一，第二活用の単数二人称語尾 ris(re) の前の e は，元来 i であった．r の前で e に変化したわけである．この点を除けば，受動相の人称語尾 r, ris(re), tur, mur, minī, ntur の前の部分は，大抵の活用形において，能動相の人称語尾の前の部分と同じである．異なる場合も母音の長短が相違するのみである．

§180. 主語に働きかける行為者は，普通 ab(ā)と行為者を示す奪格とで表わされる．例　Servus ab dominō verberābātur.　奴隷が主人に鞭で打たれていた．(cf. Dominus servum verberābat.)

§181. 不定詞(現在受動相)

amō	moneō	emō	audiō	capiō
1.	2.	3.	4.	5.
amārī	monērī	emī	audīrī	capī

第三，第五活用の形が他の活用の形と相違している点に注意．

§182.

aperiō, īre, ruī　開ける　　　　fās［活用しない］, n. 道理　〜
et ……も　　　　　　　　　　　est ……であるべきだ

§183. 練習問題 37

1. Porta aperiēbātur. 2. Porta aperītur. 3. Porta aperiētur. 4. Discipulī in lūdō ā magistrō docentur. 5. Etsī discipulī nōn discent, magister ab discipulīs docēbitur.

§184. 練習問題38

1. 彼らは門を開けていた．2. 彼らは門を開けている．3. 彼らは門を開けるだろう．4. 学校では，生徒たちは教師[複数]から教えられることはないだろう．5. 教師は生徒たちによって教えられる．

§185. [引用句11]

　　Fās est et ab hoste docērī.（オウィディウス『変身物語』4, 428）

　　敵からも教わるべきである．

XXI 名詞 第三活用 (4)——流音幹名詞

§ 186. victor, *m.* 勝利者　　consul, *m.* 執政官　　nātiō, *f.* 国民

単	主・呼	victor	consul	nātiō
	属	victōris	consulis	nātiōnis
	与	victōrī	consulī	nātiōnī
	対	victōrem	consulem	nātiōnem
	奪	victōre	consule	nātiōne
複	主・呼	victōrēs	consulēs	nātiōnēs
	属	victōrum	consulum	nātiōnum
	与	victōribus	consulibus	nātiōnibus
	対	victōrēs	consulēs	nātiōnēs
	奪	victōribus	consulibus	nātiōnibus

§ 187. 流音 (l, r, m, n) 幹の名詞は，単数主格形で語尾 s をとらないのが通例である．

§ 188. 単数主格形の幹末は，consul のようにその他の活用形と同じ形の場合もあるが，いろいろに異なっている場合の方が普通である (例えば victor- に対して victor, nātiōn- に対して nātiō)．これらは不規則として一語一語について学ぶことになる (cf. § 166)．

§ 189.

amor, ōris, *m.* 愛
cantō, āre, āvī 歌う
cōram ……の前で [奪格支配]
dēpōnō, ere, dēposuī 下に置く，放棄する
ecce 見よ！

homō, minis, *m. f.* 人
imāgō, ginis, *f.* 似姿
latrō, ōnis, *m.* 追い剥ぎ
lupus, ī, *m.* 狼
mors, mortis, *f.* 死
nihil 何も……ない

novus, a, um 新しい
pariō, ere, peperī 生む
sōl, sōlis, *m*. 太陽
somnus, ī, *m*. 眠り
subitō 急に，ただちに
uterus, ī, *m*. 子宮　in uterō

habeō みごもる
vacuus, a, um 空の，何も持たぬ
vēr, vēris, *n*. 春
viātor, ōris, *m*. 旅人
virgō, ginis, *f*. 処女

§ 190. 練習問題 39

1. Lupus est homō[1] hominī, nōn homō.（プラウトゥス『ろばの喜劇』495.［普通は Homō hominī lupus. のように言い習わされている]) 2. Cantābit vacuus cōram latrōne viātor.（ユウェナリス『風刺詩』10, 22) 3. Difficile est longum subitō dēpōnere amōrem.（カトゥルス『詩集』76, 13) 4. Somnus est imāgō mortis[2]. 5. Ecce virgō in uterō habēbit et pariet filium.（『マタイ伝』1, 23)

（註）1. 主語．2. cf. § 270.

§ 191. 練習問題 40

1. 人間は人間にとって神であって，狼なんかじゃない．2. 一文無しなら，旅先で追い剥ぎに出合っても鼻歌まじりでいられるだろう．3. 長い間思いつめた恋をおいそれと捨てるのは難しかった．4. 春は処女の似姿．5. 乙女がみごもって男の子を生んだ．

§ 192. ［引用句 12］

Nihil sub sōle novum.（『伝道の書』1, 10)
日の下に新しきものなし．

XXII 名詞 第三活用(5)——s音幹名詞

§193. flōs, *m.* 花　corpus, *n.* 物体, 身体

		flōs	corpus
単	主・呼	flōs	corpus
	属	flōris	corporis
	与	flōrī	corporī
	対	flōrem	corpus
	奪	flōre	corpore
複	主・呼	flōrēs	corpora
	属	flōrum	corporum
	与	flōribus	corporibus
	対	flōrēs	corpora
	奪	flōribus	corporibus

§194. 単数主格で語尾sをとらない．flōs, corpus のsは語幹末の音である．このsは活用に際して，母音間でrになるのが通例である (cf. §120)．

§195. 単数主格形(中性は対格形も)が他の活用形と語幹末において異なっている場合が少なくないことは，他の第三活用の名詞の場合と同様である．

§196.

bēstia, ae, *f.* 獣
concha, ae, *f.* 貝, 貝殻
dolor, ōris, *m.* 苦しみ
genus, eris, *n.* 種類
herī　昨日
legō, ere, lēgī　拾い集める, 読む
lītus, oris, *n.* 海岸

māter, tris, *f.* 母
medicus, ī, *m.* 医者
nōmen, minis, *n.* 名称
ōrnō, āre, āvī　飾る
os, ossis, *n.* 骨
sepulchrum, ī, *n.* 墓
varius, a, um　いろいろの

§197. 練習問題 41

1. Medicus nōmina multārum partium corporis scīre dēbet. 2. Ossa mātris herī lēgī. 3. Fēminae sepulchrum flōribus ōrnābant. 4. Varia genera[1] bēstiārum in silvā habitant. 5. Omnium generum[1] hominēs vēnērunt Rōmam.

(註) 1. genus の両様の使い方に注意．4 を 5 のように，5 を 4 のように言うこともできる．

§198. 練習問題 42

1. 医者は身体の多くの部分を知っていなくてはならないだろう[未来]．2. 彼らは昨日母親の骨[単数]を拾った．3. 女たちは墓を花[単数]で飾るだろう．4. 春にはいろいろの種類の花が咲き始める（flōrēscō, ere）．5. あらゆる種類の人間がローマに住んでいる．

§199. [引用句 13]

Lītore quot conchae, tot sunt in amōre dolōrēs. (オウィディウス『恋の技術』2, 519)

海辺にある貝殻ほど多くの苦しみが恋にはある．

(解説) 1. lītore＝in lītore. 2. quot A, tot B「A の数ほども多くの B」

XXIII　形容詞　第三活用(2)
——混合幹形容詞と子音幹形容詞

§200. 混合幹形容詞

		fēlīx 幸福な		prūdens 思慮深い	
		男・女性	中性	男・女性	中性
単	主・呼	fēlīx	fēlīx	prūdens	prūdens
	属	fēlīcis	fēlīcis	prūdentis	prūdentis
	与	fēlīcī	fēlīcī	prūdentī	prūdentī
	対	fēlīcem	fēlīx	prūdentem	prūdens
	奪	fēlīcī, e	fēlīcī, e	prūdentī, e	prūdentī, e
複	主・呼	fēlīcēs	fēlīcia	prūdentēs	prūdentia
	属	fēlīcium	fēlīcium	prūdentium	prūdentium
	与	fēlīcibus	fēlīcibus	prūdentibus	prūdentibus
	対	fēlīcēs, īs	fēlīcia	prūdentēs, īs	prūdentia
	奪	fēlīcibus	fēlīcibus	prūdentibus	prūdentibus

　§201. 男・女・中性単数主格が同形である点に注意．

　§202. 単数奪格は形容詞として用いられる場合は語尾がī，名詞として用いられる場合は語尾がeである．

　§203. 複数はi音幹(および混合幹)名詞の活用に準ずる．

§204. 子音幹形容詞

		vetus 古い			
		男・女性	中性	男・女性	中性
単	主・呼	vetus	vetus	複 主・呼 veterēs	vetera

XXIII 形容詞　第三活用(2)——混合幹形容詞と子音幹形容詞

属	veteris	veteris	属	veterum	veterum
与	veterī	veterī	与	veteribus	veteribus
対	veterem	vetus	対	veterēs	vetera
奪	vetere	vetere	奪	veteribus	veteribus

§ 205. 活用は i 音幹(および混合幹)以外の第三活用の名詞の活用に準ずる．この型の形容詞は活用語尾直前の音節が短い(cf. § 12)のが通例．

§ 206.

aequus, a, um　平等な

antīquus, a, um　古い，昔の

brevis, e　短い

consilium, ī, *n*.　助言

dīves, vitis　金持ちの

dō, dare [dā- でない点に注意．不規則である], dedī　与える

efficāx, ācis　効果的な

exemplum, ī, *n*.　模範

iter, itineris, *n*.　道，方法

memor, oris　記憶している [属格と共に]

mōs, mōris, *m*.　慣習

nisi　……以外に

nūllī [nūllus の単数与格]　誰にも……ない

ops, opis, *f*.　援助，[複数で]富，財産

pallidus, a, um　青ざめた

pauper, eris　貧しい

praeceptum, ī, *n*.　命令，訓戒

pretiōsus, a, um　高価な，貴重な

pulsō, āre, āvī　打つ，叩く

sapiens, entis　賢明な

semper　いつも

taberna, ae, *f*.　小屋

turris, is, *f*.　塔，宮殿

ūtilis, e　役に立つ

vetus, eris　古い，老練な

§ 207. 練習問題 43

1. Semper pauperēs eritis sī pauperēs estis. (cf. マルティアリス『寸鉄詩集』5, 81, 2) 2. Nunc dantur opēs nūllī nisi dīvitibus. (cf. マルティアリス, ib. 5, 81, 2) 3. Longum[1] iter est per[2] praecepta, breve et efficāx per[2] exempla. (セネ

カ『書簡集』6, 5) 4. Ūtile consilium sapientium. 5. Pretiōsum est consilium veterum et mōris antīquī memorum.

(註) 1. 述語的に用いられている．cf. §63. 2.「……の手段によって」．

§208. 練習問題 44

1. あなたが(今)貧しいなら，いつになっても貧しいだろう．2. 近頃は，金持ち[単数]以外の誰にも金が回ってこない．3. 彼は短くて効果的な例[複数]で教える．4. 賢人[単数]の忠告[複数]は有益．5. 昔の習慣[複数]を覚えていて老練なひと[単数]の忠告は貴重だ．

§209.［引用句 14］

Pallida mors aequō pulsat pede pauperum tabernās rēgumque turrīs.
（ホラティウス『叙情詩集』1, 4, 13〜14）

青白い死は等しく足でノックする，貧しい人々の小屋も王侯の宮殿も．

(解説) 1. 今のイタリアでも足でドアをノックする習慣が見られるという．

XXIV 完了，過去完了および未来完了の直説法受動相

§210.

完了		過去完了	
amātus, a, um	sum	amātus, a, um	eram
	es		erās
	est		erat
amātī, ae, a	sumus	amātī, ae, a	erāmus
	estis		erātis
	sunt		erant

未来完了	
amātus, a, um	erō
	eris
	erit
amātī, ae, a	erimus
	eritis
	erunt

§211. 完了，過去完了，未来完了はそれぞれ，完了分詞とsumの現在，未完了過去，未来を組み合わせて作られる．

§212. 完了分詞は，第一，第四活用の多くは現在幹にtusを加えて作られる(amātus, audītus)．第二活用の多くは現在幹の幹末母音ēをiに取り替えたものにtusを加えて作られる(monitus)．（以上は完了分詞の規則的形成法）

§213. その他は不規則として個々に学ぶことになるが，こまかい点には目をつぶっていえば，現在幹の幹末母音をおとして，tusまたはsusを加えて作られる．

例　dīcō(ere) : dictus「言う」
　　faciō(ere) : factus「為す」
　　mittō(ere) : missus「送る」
　　tegō(ere) : tēctus「被う」
　　juvō(āre) : jūtus(juvātus ではない)「助ける」
　　augeō(ēre) : auctus(augitus ではない)「増大させる」
　　vinciō(īre) : vinctus(vincītus ではない)「縛る」

§214. 分詞は形容詞の性質も分け持ち(「分詞」の名称はここに由来する)，性・数・格によって活用する．完了分詞の活用は bonus, a, um に準じる．

§215.

ālea, ae, *f.* さいころ	paucus, a, um 少ない
captīvus, ī, *m.* 捕虜	vēnditus　vēndō[売る]の完了分詞
Germānī, ōrum, *m. pl.* ゲルマニア人	victus　vincō[打ち負かす]の完了分詞
jaciō, ere, jēcī, jactus 投げる	
occīdō, ere, cīdī, cīsus 殺す	

§216. 練習問題 45

1. Jacta ālea est.(スエトニウス『カエサル伝』32) 2. Vēnī. Vīdī. Victī erant. (VENI・VIDI・VICI[1] スエトニウス ib. 37) 3. Ubi Caesar veniet, victī erunt. 4. Captīvōrum multī occīsī, paucī vēnditī sunt. 5. Germānōrum oppida occupāta sunt[2] ab Rōmānīs.

(註) 1. カエサルが，ある凱旋式で戦勝の素早さを表明した句．2. 完了は「……された」か，「(……された結果，現在そのようで)ある」かは文脈で区別することになる．§147 の(イ)と(ロ)を比較参照．

§217. 練習問題 46

1. さいころは(その時)投げられてしまっていた．2. 我ら来たり，見たり，勝ちたり．3. カエサルが来た時には，彼らはすでに打ち負かされていた．4. 捕虜の

うち多くの者はすでに殺されていた．5. 町々はゲルマニア人によって占領されてしまっているだろう．

XXV　動詞の主要部分．volō, nōlō, mālō

§ 218. 第 XXIV 課までで動詞の直説法その他の活用について一通りの概観を終わった．

このうち現在能動相単数一人称，現在能動相不定詞，完了能動相単数一人称，それに完了分詞男性単数対格（及び中性単数主・対格）と等しい語形（目的分詞と称する．cf. §§ 469, 470）を動詞の主要部分という．

amō を例にとれば　amō, amāre, amāvī, amātum[1]．

これらが得られれば，原則として，その動詞の他のすべての活用形が得られるからである．

（註）　1. なぜ完了分詞男性単数主格を主要部分としないのか．自動詞の場合，この形が備わっていないからである (cf. §§ 363, 377)．

§ 219. volō「欲する」，nōlō「欲しない」，mālō「むしろ……を欲する」の現在直説法および現在不定詞

単	1	volō	nōlō	mālō
	2	vīs	nōn vīs	māvīs
	3	vult	nōn vult	māvult
複	1	volumus	nōlumus	mālumus
	2	vultis	nōn vultis	māvultis
	3	volunt	nōlunt	mālunt
不定詞		velle	nōlle	mālle

§ 220. volō の現在は語幹に vol, vī, vul が混在する等不規則である．不定詞 velle においては語幹がさらに vel になっている．le は元来の形 se の s が，その前の l に同化して le となったものである (cf. § 119)．

XXV 動詞の主要部分．volō, nōlō, mālō

§ 221. nōlō, mālō は，単数二，三人称，複数二人称の場合とその他の人称の場合とでは，volō に対する関係が形のうえで多少異なっているので注意．

§ 222. volō, nōlō, mālō の完了は voluī, nōluī, māluī. 完了分詞を欠いている．なお未完了過去は volēbam, nōlēbam, mālēbam, 未来は volam, nōlam, mālam で，第三活用型．

§ 223.

accipiō, ere, cēpī, ceptum 受ける
impōnō, ere, posuī, positum 置く，(不正などを)加える
morī [morior の現在不定詞．第 XXVII 課参照] 死ぬこと
mulier, eris, f. 女(婦人)
nēmō だれも……ない(英語 no-

body 参照)
quam ……よりも
salvus, a, um 健全な
Sōcratēs, is, m. ソクラテス
sōlum ただ，だけ
ultrō 自分の方から進んで

§ 224. 練習問題 47

1. Omnēs hominēs beātī esse volunt. 2. Nēmō nōn vult bene vīvere, sed paucī sōlum possunt. 3. Sōcratēs mālēbat accipere injūriam quam impōnere. (cf. プラトン『ゴルギアス』469 C) 4. Mālumus morī quam vincī. 5. Māvultis bellum quam pācem?

§ 225. 練習問題 48

1. すべての人は幸福であることを欲するだろう．2. よく生きたいと思わない人はいなかった．3. 彼は不正を加えるよりも受ける方を望んだ．4. 彼らは死ぬことよりも負けることを欲した．5. 君は戦争より平和を欲しないのか．

§ 226. [引用句 15]

Mulierēs nōlunt, ubi vīs[1]; ubi nōn vīs[1], cupiunt ultrō. (cf. テレンティウス『閹人(えんじん)』813)

ご婦人方は，殿方がその気の時はなさりたがらない．殿方がその気でない時には，積極的に迫ってこられるのですからなあ．

(解説)　1. vīs, nōn vīs はそれぞれ volō, nōlō の単数二人称形．参照したテキストでは velīs, nōlīs. 接続法現在の形である (cf. § 547)．ubi vīs (直説法) は「[現に]あなたが欲している時」，ubi velīs (接続法) は「[一般に]あなたが欲している (ような) 時」．cf. § 330 [註 1].

XXVI 名詞 第四, 第五活用

§227. 第四活用

		frūctus, *m.* 果実	cornū, *n.* 角(つの)
単	主・呼	frūctus	cornū
	属	frūctūs	cornūs
	与	frūctuī 又は ū	cornū
	対	frūctum	cornū
	奪	frūctū	cornū
複	主・呼	frūctūs	cornua
	属	frūctuum	cornuum
	与	frūctibus	cornibus
	対	frūctūs	cornua
	奪	frūctibus	cornibus

§228. us で終わる第四活用の名詞の大部分は男性である.

§229. us で終わる語の単数与格には uī の他に, ū で終わる別形がある.

§230. 第五活用

		rēs, *f.* もの	diēs, *m.* 日
単	主・呼	rēs	diēs
	属	reī	diēī
	与	reī	diēī
	対	rem	diem
	奪	rē	diē
複	主・呼	rēs	diēs
	属	rērum	diērum

与	rēbus	diēbus
対	rēs	diēs
奪	rēbus	diēbus

§ 231. 第五活用の名詞は diēs と merīdiēs「正午」を除き女性である．

§ 232. 単数属・与格の語尾 eī は，i のあとでは e が長い．すなわち ēī．

§ 233.

atque　そして，その上
canō, ere, cecinī　歌う
cursus, ūs, m.　走ること
disputō, āre, āvī, ātum　討議する
equus, ī, m.　馬
ēripiō, ere, puī, reptum　取り去る，救助する
exercitus, ūs, m.　軍隊
ferōx, ōcis　勇敢な，狂暴な
ferrum, ī, n.　鉄，武器
habitus, ūs, m.　習慣，性質
ignis, is, m.　火
imperō, āre, āvī　命令する，制御する

Lucrētius, ī, m.　(前1世紀前半の詩人．作品に，Dē Rērum Nātūrā がある)
praestō, āre, stitī, stitum　秀でる
proficīscī　出発すること[proficīscor の現在不定詞．cf. § 236]
pūblicus, a, um　公の　rēs pūblica　国家[rēspūblica, reīpūblicae のように続けて書かれることも多い]
-que　そして
senātor, ōris, m.　元老院議員 [cf. senex　年寄り]
senātus, ūs, m.　元老院
vēlōx, ōcis　速い

§ 234. 練習問題 49

1. Equus vēlōcī cursū[1] habitūque[2] ferōcī multa animālia praestat. 2. Senātōrēs in senātū diū disputābant. 3. Cicerō rempūblicam consiliīs prūdentibus ex igne atque ferrō ēripuit. 4. Caesar exercituī proficīscī imperāvit. 5. Lucrētius cecinit dē rērum nātūrā.

　(註)　1.「……の点で」を示す奪格．2. アクセントは「ハビトゥークエ」．語彙

の -que の項目を参照．

§235. 練習問題 50

1. 馬は速い走りと大胆な(audāx)性質の点で多くの動物に立ち勝っている．2. 元老院議員たちは元老院で長い間論じた．3. キケロは国家について書いた．4. カエサルは軍隊に出発するよう命じるだろう．5. ルクレティウスは事物の本性について歌っている．

XXVII 能相欠如動詞. fīō, ferō

§ 236. 能動相の形を持たず，形の上では受動形であるが意味は能動的または自動的な動詞がある．このような動詞を能相欠如動詞という．

 例 hortor「励ます」 morior「死ぬ」

 その主要部分は

hortor(第一活用)	hortor, hortārī, hortātus sum
	(cf. amor, amārī, amātus sum)
vereor(第二活用)	vereor, verērī, veritus sum「恐れる」
	(cf. moneor, monērī, monitus sum)
loquor(第三活用)	loquor, loquī, locūtus sum「話す」
	(cf. emor, emī, emptus sum)
mentior(第四活用)	mentior, mentīrī, mentītus sum「嘘をつく」
	(cf. audior, audīrī, audītus sum)
morior(第五活用)	morior, morī, mortuus sum
	(cf. capior, capī, captus sum)

§ 237. fīō「……になる」，ferō「運ぶ」の現在直説法および現在不定詞

			能動相	受動相
単	1	fīō	ferō	feror
	2	fīs	fers	ferris, re
	3	fit	fert	fertur
複	1	fīmus	ferimus	ferimur
	2	fītis	fertis	feriminī
	3	fīunt	ferunt	feruntur
不定詞		fierī	ferre	ferrī

XXVII 能相欠如動詞．fīō, ferō

§ 238. fīō の現在単数一人称，複数三人称において fī- の i が長い点に注意．未完了過去は fīēbam, 未来は fīam で，第三活用型．ここでも fī- で，i が長い．

不定詞は fierī という能相欠如動詞の形をしている．また完了，過去完了，未来完了は faciō の受動相が代用され，能相欠如動詞型である (factus sum, eram, erō)．

§ 239. ferō の現在単数二，三人称 (能・受動相)，複数二人称 (能動相) の人称語尾の前に母音がない点に注意．不定詞 ferre についても，re の前に母音がない点に注意．ferrī については，例えば，第一活用の不定詞 amāre に対する amārī を比較参照．

未完了過去は ferēbam, 未来は feram で，第三活用型．完了は tulī, 完了分詞は lātus．どちらも語源的には ferō とつながりがなかったが，ferō の完了，完了分詞として用いられるようになったもの (英語の go: went を参照)．

§ 240.

Christus, ī, *m.* キリスト
cōnor, ārī, ātus sum 努力する
et... et... ……も……も
ferō, ferre, tulī, lātum 産み出す
frūx, ūgis, *f.* 実り，農作物
graviter 重く，厳格に
īrāscor, scī, īrātus sum 怒る
loquor, quī, locūtus sum 話す
multum 多く，大いに
nōbīs 我々にとって
optimē 最も良く

optimus, a, um 最も良い
patior, tī, passus sum 苦しむ，受ける
prō ……のために [奪格支配]
rēfert 大切である (～ vestrā あなたがたには……，不定詞とともに用いられる)
suādeō, ēre, suāsī, suāsum 忠告する
tardē 遅く，ゆっくりと
vērē 真に
vōbīs あなたがたにとって

§ 241. 練習問題 51

1. Cicerō optimē locūtus est. 2. Cōnābor et vōbīs et nōbīs optima suādēre.

3. Tardē sed graviter īrāscī vestrā rēfert. 4. Christus prō nōbīs vērē multumque passus est. 5. Terra frūgēs flōrēsque fert.

§ 242. 練習問題 52

1. キケロは元老院でとてもうまく話すだろう．2. 彼はあなたがたにもわれわれにも最善のことを忠告するように努めた．3. ゆっくりとしかし厳格にあなたは(tuā)怒ることが大切であった[未完了過去]．4. キリストは我々のために真にそして大いに苦しんでいた[未完了過去]．5. 地は実と花を産むだろう．

§ 243. [引用句 16]

　　　Facta est lūx.(『創世記』1, 3)

　　光があった．

（解説）　1. fīō には「生じる」などの意味もある．2. lūx, lūcis, f.「光」．

XXVIII 指示代名詞および限定代名詞

§244. hic これ, iste それ, ille あれ

		男性	女性	中性			男性	女性	中性
単	主	hic	haec	hoc	複	主	hī	hae	haec
	属	hujus	hujus	hujus		属	hōrum	hārum	hōrum
	与	huic	huic	huic		与	hīs	hīs	hīs
	対	hunc	hanc	hoc		対	hōs	hās	haec
	奪	hōc	hāc	hōc		奪	hīs	hīs	hīs
単	主	iste	ista	istud	複	主	istī	istae	ista
	属	istīus	istīus	istīus		属	istōrum	istārum	istōrum
	与	istī	istī	istī		与	istīs	istīs	istīs
	対	istum	istam	istud		対	istōs	istās	ista
	奪	istō	istā	istō		奪	istīs	istīs	istīs
単	主	ille	illa	illud	複	主	illī	illae	illa
	属	illīus	illīus	illīus		属	illōrum	illārum	illōrum
	与	illī	illī	illī		与	illīs	illīs	illīs
	対	illum	illam	illud		対	illōs	illās	illa
	奪	illō	illā	illō		奪	illīs	illīs	illīs

§245. 複数形は，hic の中性複数主・対格 haec を別にすれば，形容詞第一，第二活用と全く等しい．

§246. 単数属格 hujus, istīus, illīus は，代名詞に特徴的な活用形．単数与格 huic, istī, illī も注意を要する形．また，いずれも性による区別がない．

§247. そのほかの細かい点にも目をつぶって言えば，単数形も形容詞第一，第二活用に準じて活用する．

§248. 指示代名詞は単独で用いられるほかに，名詞に添えて形容詞的にも用いられる．

例　Haec est mensa.　　Haec mensa est magna.
　　これはテーブルだ．　このテーブルは大きい．

§249. 限定代名詞 is

		男性	女性	中性
単	主	is	ea	id
	属	ejus	ejus	ejus
	与	ei	ei	ei
	対	eum	eam	id
	奪	eō	eā	eō
複	主	eī, iī, ī	eae	ea
	属	eōrum	eārum	eōrum
	与	eīs, iīs, īs	eīs, iīs, īs	eīs, iīs, īs
	対	eōs	eās	ea
	奪	eīs, iīs, īs	eīs, iīs, īs	eīs, iīs, īs

§250. 複数形は形容詞第一，第二活用に準じる．なお，eī(s)の部分がiī(s)，あるいはī(s)となっている別形があり，よく用いられる．

§251. 単数属格 ejus, 単数与格 ei については，§246 を参照．

§252. その他の単数形については，§247 を参照．

§253. is は既に言及されたもの，既に知られているものを指し表わす．

例　Puella vēnit. Ea erat pulchra.
　　少女が来た．（その）彼女は美しかった．

§254. 名詞に添えて形容詞的にも用いられる．

例　eō diē　その日に

XXVIII 指示代名詞および限定代名詞

§ 255. īdem 同じ（人，もの）

		男性	女性	中性
単	主	īdem	eadem	idem
	属	ejusdem	ejusdem	ejusdem
	与	eidem	eidem	eidem
	対	eundem	eandem	idem
	奪	eōdem	eādem	eōdem
複	主	eīdem, iīdem, īdem	eaedem	eadem
	属	eōrundem	eārundem	eōrundem
	与	eīsdem, iīsdem, īsdem	eīsdem, iīsdem, īsdem	eīsdem, iīsdem, īsdem
	対	eōsdem	eāsdem	eadem
	奪	eīsdem, iīsdem, īsdem	eīsdem, iīsdem, īsdem	eīsdem, iīsdem, īsdem

§ 256. īdem は限定代名詞 is に dem が添えられたもので，dem の前の部分が is と同じように活用する．但し，isd → īd, idd → id, md → nd となっている点に注意．

§ 257.

amīcus, ī, *m.* 友人

appāreō, ēre, ruī, ritum 現れる，明らかになる

bellus, a, um きれいな

causa, ae, *f.* 原因

cūra, ae, *f.* 心配

dōnum, ī, *n.* 贈り物

efficiō, ere, fēcī, fectum 作り出す，引き起こす

ēventus, ūs, *m.* 結果

fīlia, ae, *f.* 娘

juvenis, is, *m. f.* 若者

magnopere 大いに

mihi 私に

placeō, ēre, cuī, citum 気に入る[好む対象は主格，それを好む主体は与格で表わされる]

quam 何と！   vir, virī, *m*. 男
summus, a, um 最高の，最上の

§258. 練習問題 53

1. Hic est meus amīcus. Fīlia ejus bella. Herī ei dōnum dedī. 2. Quam pulchra haec puella. 3. Illīus virī liber mihi magnopere placet. 4. Fīlius aeger est. Id mihi summae cūrae[1] est. 5. Eaedem causae nōn semper efficiunt eōsdem ēventūs.

（註） 1.「心配である」，効果を示す与格．

§259. 練習問題 54

1. これは私の友人たちだ．彼らの娘たちはきれいだ．明日彼女たちに贈り物をあげよう(dabō[a は短い．不規則])．2. なんとこの青年は美しいのだろう．3. この男の本は大いに私の気にいっている．4. その人の息子は病気だ．私にはそれがなんとも心配だ．5. 同じ原因[単数]からは，同じ結果[単数]が生じる(fīō, fierī, factus sum)．

§260. ［引用句 17］

Idem est nōn esse et nōn appārēre. (出典不明)
明らかであらぬということは有らぬということと同じである．

XXIX　疑問代名詞および不定代名詞

§ 261.　quis(quī), quis(quae), quid(quod)　誰，何

	男性	女性	中性
単 主	quis(quī)	quis(quae)	quid(quod)
属	cujus	cujus	cujus
与	cui	cui	cui
対	quem	quem(quam)	quid(quod)
奪	quō	quō(quā)	quō
複 主	quī	quae	quae
属	quōrum	quārum	quōrum
与	quibus	quibus	quibus
対	quōs	quās	quae
奪	quibus	quibus	quibus

§ 262.　疑問代名詞は名詞に添えて形容詞的にも用いられる．但しその場合，単数の六つの活用形において多少異なった語形が用いられる．括弧内に示したのがそれである．いいかえれば，単独で用いられる場合と，形容詞的に用いられる場合において，疑問代名詞は大体において同一であるが，単数の六つの活用形において異なっているわけである．

例　Quem amās?　Quam puellam amās?
　　誰が好きなの．どの子が好きなの．

§ 263.　単数属格 cujus, 与格 cui において，q が c と入れ替わっている点に注意．

§ 264.　aliquis(aliquī), aliquis(aliqua), aliquid(aliquod)　ある人，ある物

	男性	女性	中性
単 主	aliquis(aliquī)	aliquis(aliqua)	aliquid(aliquod)
属	alicujus	alicujus	alicujus
与	alicui	alicui	alicui
対	aliquem	aliquem(aliquam)	aliquid(aliquod)
奪	aliquō	aliquō(aliquā)	aliquō
複 主	aliquī	aliquae	aliqua
属	aliquōrum	aliquārum	aliquōrum
与	aliquibus	aliquibus	aliquibus
対	aliquōs	aliquās	aliqua
奪	aliquibus	aliquibus	aliquibus

§265. 不定代名詞は，ali の後ろの部分が疑問代名詞 quis と同じように活用する．但し中性複数主・対格は異なる(aliqua に対して疑問代名詞は quae)．

§266. 不定代名詞は名詞に添えて形容詞的にも用いられる．但しその場合，単数の活用形において多少異なった語形が用いられる．括弧内に示したのがそれである．その点も疑問代名詞と同様であるが，女性単数主格が aliqua であることに注意(形容詞的な疑問代名詞は quae で，語尾が少し異なる)．

§267.

animus, ī, *m*.　生命，魂，心
fēlēs, is, *f*.　猫
gelidus, a, um　冷たい
maximus, a, um　極めて大きい
nisi　……でなければ
ob　……のために，……が原因で[対格支配]
philosophus, ī, *m*.　愛知者(哲学者)
prūdentissimus, a, um　最も思慮深い
sine　……なしに[奪格支配]

§268. 練習問題 55

1. Quid est hoc? Fēlēs. 2. Quem putās hōrum puerōrum[1] prūdentissimum? Gāium. 3. Quam ob rem illa fēcistī? Sine causā. 4. Id facere nōn possum.

Aliquī facient. 5. Est aliquod maximum malum in nostrō animō.

(註) 1.「……の中で」, 部分が所属する全体を示す属格. 普通「部分的属格」とも言われているが, 属格そのものが表わしているのは, (部分が)属している全体であって, 部分ではない.

§269. 練習問題 56

1. これらは何か. 猫だよ. 2. 哲学者の中で最も知恵がある (sapientissimus, a, um) 人は誰か. 3. どういう事柄[複数]のゆえに, このようなこと (hoc) を君はしたのか. 4. このようなこと[複数]をわたしはすることできない. 誰か[単数]がするだろう. 5. 我々の魂のなかには, なにかこのうえもなく大きい悪[複数]がある.

§270. [引用句 18]

Quid est somnus, gelidae nisi mortis imāgō ? (オウィディウス『恋のいろいろ』2, 9, 41)

眠りは冷たい死の似姿以外の何であろうか.

XXX　現在，未完了過去の接続法能動および受動相．目的を示す副文における接続法

§271. 現在接続法能動相

		amō	moneō	emō	audiō	capiō
		1.	2.	3.	4.	5.
単	1	amem	moneam	emam	audiam	capiam
	2	amēs	moneās	emās	audiās	capiās
	3	amet	moneat	emat	audiat	capiat
複	1	amēmus	moneāmus	emāmus	audiāmus	capiāmus
	2	amētis	moneātis	emātis	audiātis	capiātis
	3	ament	moneant	emant	audiant	capiant

§272. 現在接続法受動相

		1.	2.	3.	4.	5.
単	1	amer	monear	emar	audiar	capiar
	2	amēris, re	moneāris, re	emāris, re	audiāris, re	capiāris, re
	3	amētur	moneātur	emātur	audiātur	capiātur
複	1	amēmur	moneāmur	emāmur	audiāmur	capiāmur
	2	amēminī	moneāminī	emāminī	audiāminī	capiāminī
	3	amentur	moneantur	emantur	audiantur	capiantur

§273. 未完了過去接続法能動相

		1.	2.	3.	4.	5.
単	1	amārem	monērem	emerem	audīrem	caperem
	2	amārēs	monērēs	emerēs	audīrēs	caperēs

XXX 現在，未完了過去の接続法能動および受動相．……　　79

		1.	2.	3.	4.	5.
	3	amāret	monēret	emeret	audīret	caperet
複	1	amārēmus	monērēmus	emerēmus	audīrēmus	caperēmus
	2	amārētis	monērētis	emerētis	audīrētis	caperētis
	3	amārent	monērent	emerent	audīrent	caperent

§274. 未完了過去接続法受動相

		1.	2.	3.
単	1	amārer	monērer	emerer
	2	amārēris, re	monērēris, re	emerēris, re
	3	amārētur	monērētur	emerētur
複	1	amārēmur	monērēmur	emerēmur
	2	amārēminī	monērēminī	emerēminī
	3	amārentur	monērentur	emerentur

		4.	5.
単	1	audīrer	caperer
	2	audīrēris, re	caperēris, re
	3	audīrētur	caperētur
複	1	audīrēmur	caperēmur
	2	audīrēminī	caperēminī
	3	audīrentur	caperentur

§275. 現在の活用形の特色は，人称語尾の前が第一活用ではē/e，その他の活用ではā/aとなることである．未完了過去単数一人称形は，不定詞(現在能動相)と同じ形にm(能動)，r(受動)を添えて作られる．

§276.
(1) Edimus ut vīvāmus. 我々は生きるために食べる．
(2) Edimus nē moriāmur. 我々は死なないように食べる．

§277. 接続法は，接続詞utと共に用いられて目的節を作る．目的の内容が

否定の場合は，普通，接続詞 nē(英語 lest を参照)が用いられる(時に ut nē).

§ 278.

(1) Edēbāmus ut vīverēmus. 我々は生きるために食べていた.

(2) Edēbāmus nē morerēmur. 我々は死なないように食べていた.

§ 279. 主文の動詞が現在および未来を表わす場合には，目的節の接続法は現在を，過去を表わす場合には，目的節の接続法は未完了過去を用いる.

§ 280. 接続法は主文に接続する副文中に多用されるところから，その名がある.

§ 281. なお sum の接続法現在は sim, sīs, sit, sīmus, sītis, sint. 人称語尾の前が ī / i となっている点が独特. 接続法未完了過去単数一人称は essem で一般の動詞と同様に作られる.

§ 282.

adipīscor, ī, adeptus sum 得る，える

amīcitia, ae, f. 友情

cui quis の単数与格[aliquis は nē 等の後では ali のない形が普通用いられる. 疑問代名詞と混同しないよう注意を要する]. いかなる人(もの)にも，ある人(もの)に

cūr なぜ

deus, ī, m. 神(複数主格 deī の別形として dī がある)

faveō, ēre, fāvī, fautum 好意を持つ

fēriae, ārum, f. pl. 祭り，祭日

libellus, ī, m. 本(小さめの)

mortālis, e 死すべき

noceō, ēre, cuī, citum 害を加

obsum, esse, fuī 害になる

optō, āre, āvī, ātum 選ぶ，望む

praecipiō, ere, cēpī, ceptum 先に取る，命ずる

precor, ārī, ātus sum 懇願する

sapienter 賢く

spectō, āre, āvī 視る

tibi 君に

tū 君が

tuus, a, um あなたの

unquam いつか，決して(……ない)

ūtor, ūtī, ūsus sum 使用する [奪格支配]

§283. 練習問題57

1. Deōs semper precantur mortālēs ut[1] sibi[2] faveant. 2. Sapiens nōs[3] monet ut[1] sapienter ūtāmur pecūniā. 3. Fēminae ad lūdōs veniunt ut spectent et ipsae[4] spectentur. (cf. オウィディウス『恋の技術』1, 99) 4. Jūstitia praecipit nē[1] cui unquam obsīmus. 5. Tuam amīcitiam ut[1] adipīscar optō.

(註) 1.「……のために」の気持ちを込めた「……ことを」. 2.「彼ら自身に」. 再帰代名詞(cf. §287)は副文中にありながら副文の主語ではなく主文の主語を指す場合もある. 間接再帰という現象である. 3.「我々を」. 4.「(彼女ら)自身が」.

§284. 練習問題58

1. 私は彼女(is, ea, id)に好意を持ってくれるよう懇願した. 2. 彼は息子に金は賢く使うようにと警告した. 3. 女たちは祭りを観るために, そして自分もみてもらおうとやって来た. 4. 正義はあなたがたがなんぴとにも害を加えないように命じる. 5. 哲学者はすべてを知ることを望む.

§285. [引用句19]

   Cūr nōn mitto[1] meōs tibi, Pontiliāne, libellōs?
   Nē mihi tū mittās, Pontiliāne, tuōs.
       (マルティアリス『寸鉄詩集』7, 3)

 どうして拙著をさっぱり送って来ないかだって, ポンティリアーヌス.

 僕に君が「拙著」を送って来ないようにね, ポンティリアーヌス.

(解説) 1. 韻律上 mittō ではなく mitto というように o は短く発音される.

XXXI 人称代名詞

§286. ego 私, tū あなた, suī 彼(彼女, それ)自身の

単	主	ego	tū	——
	属	meī	tuī	suī
	与	mihi	tibi	sibi
	対	mē	tē	sē
	奪	mē	tē	sē
複	主	nōs	vōs	——
	属	nostrī, nostrum	vestrī, vestrum	suī
	与	nōbīs	vōbīs	sibi
	対	nōs	vōs	sē
	奪	nōbīs	vōbīs	sē

§287. 三人称には主格形がない．また三人称は主語と同じ人・ものを示す場合に限って用いられる．つまり再帰的にしか用いられない．主格形がないゆえんである．また, 三人称は複数にも兼用される．

例 Sē amat. Sē amant.（しかし, 例えば「彼を私は愛している」の意味で Sē amō. ということはできない．）

§288. 再帰的でない三人称代名詞としては, 限定代名詞(cf. §249)が代用される．例 Eum amat(cf. Sē amat). Eum amō.

§289. 人称代名詞の主格形は, 主語を強調したり, 対比したりする時に用いられる(cf. §27). 例 Tū errās. 誤っているのは君だ. 君こそ誤っている．

§290. 人称代名詞の属格 meī, nostrī, tuī, vestrī, suī は, 属格支配の動詞, 形容詞と用いられる．また, 目的語を示す属格として用いられる．例 Numquam tuī oblīvīscar. 決して君を忘れないだろう．Cupidus tuī sum. 君が欲しい．dēsīderium tuī 君を慕う想い

XXXI 人称代名詞

§ 291. 複数属格の別形 nostrum, vestrum は部分的属格 (cf. § 268 [註 1]) として用いられる. 例　multī nostrum　我々のうちの多くの者が

§ 292. 所有関係を示すためには, 属格は用いられない. 所有形容詞が用いられる (cf. § 297).

§ 293.

aliēnus, a, um　他の, 無縁な
　ab(ā)... aliēnus　……と無関係な
Graecē　ギリシャ語で
Latīnē　ラテン語で
līberī, ōrum, m. pl.　子供[親との関係で, 一人の場合でも複数が用いられる]
multus, a, um　多くの
nīl　(nihil の短縮形)
sōlus, a, um　ただ……だけが, 唯一の, 孤独の

§ 294. 練習問題 59

1. Ego sum discipulus tuus, tū es magister meus. 2. Quis vestrum potest loquī Graecē? Nēmō. 3. Sunt tibi līberī? Est mihi fīlia. 4. Tū mihi sōla placēs. (オウィディウス『恋の技術』1, 42) 5. Tuī cupidus sum. Tē amō. Tēcum[1] semper esse cupiō.

　(註)　1. cum は人称代名詞の後に置かれ, しかもこれと一語のように綴られる.

§ 295. 練習問題 60

1. 私たちがあなたがたの教師である. 2. 我々のうちの多くがラテン語で話すことができる. 3. あなたがたに子供はいるか. 我々には息子たちがいる. 4. 好きなのはあの人 (ille) だけ. 5. 君たちが欲しい. 君たちが好きだ. 君たちといっしょにいつまでもいたい.

§ 296. [引用句 20]

　Homō sum: hūmānī[1] nīl ā mē aliēnum putō. (テレンティウス『自分を苦しめる男』77)

　私は人間だ. 人間に係わることなら何事も私に無縁だとは思わない.

　(解説)　1. 部分的属格.「人間に係わる事柄のうちの」.

XXXII 所有形容詞および強意代名詞 ipse

§ 297. 所有形容詞 meus, a, um「私の」, tuus, a, um「あなたの」, noster, tra, trum「我々の」, vester, tra, trum「あなたがたの」, suus, a, um「彼(彼女, それ)［ら］自身の」は，形容詞第一，第二活用のように活用する(cf. §§ 59, 87, 290～292).

§ 298. suus, a, um が再帰的にのみ用いられるのは suī (cf. § 287) の場合と同様である．再帰的でない三人称の所有を示すためには，限定代名詞 is の属格形（単数は ejus, 複数は eōrum, eārum, eōrum）が代用される．例 Suam fīliam amat. cf. Ejus fīliam amat.

§ 299. 強意代名詞 ipse

		男性	女性	中性
単	主	ipse	ipsa	ipsum
	属	ipsīus	ipsīus	ipsīus
	与	ipsī	ipsī	ipsī
	対	ipsum	ipsam	ipsum
	奪	ipsō	ipsā	ipsō
複	主	ipsī	ipsae	ipsa
	属	ipsōrum	ipsārum	ipsōrum
	与	ipsīs	ipsīs	ipsīs
	対	ipsōs	ipsās	ipsa
	奪	ipsīs	ipsīs	ipsīs

§ 300. 中性単数主・対格が um で終わる点を除けば，iste, ille (cf. § 244) と同じ活用をする．

§ 301. ipse は「自身，ほかならぬ」を意味し，名詞，代名詞を強調する．

XXXII　所有形容詞および強意代名詞 ipse

例　Id ipsum facere cupiō.　まさしくそれがしたい．

Ipse fēcī.　私は自分でした(このように，強調される名詞または代名詞は，主格の場合，省略されることがある)．

§ 302.

quisque, quidque　各人，各々のもの[que の前の部分が疑問代名詞(cf. § 261)と同じように活用す	る．なお又, īdem(§ 256)も参照] tribuō, ere, uī, ūtum　分配する

§ 303. 練習問題 61

1. Nostra omnia vōbīs tribuere volumus. 2. Quisque fīliōs suōs et fīliās suās amāre dēbet. 3. Vestrōs līberōs amātis sed nōn aliēnōs. 4. Mea mihi placent, tua tibi. 5. Vōs vōbīs ipsīs nocētis.

§ 304. 練習問題 62

1. 私のものを皆あなたがたに分配しよう．2. 各人は自分の妻(uxor, ōris, f.)を愛さなくてはならない．3. あなたは自分の子供は愛するけれども，他人の(aliēnus, a, um)子供は愛さない．4. 我々のものは我々の気にいり，あなたがたのものはあなたがたの気にいっている．5. 君は君自ら自分に害を加えている．

XXXIII 完了，過去完了の接続法能動および受動相．間接疑問文における接続法

§305. 完了接続法能動相

		amō 1.	moneō 2.	emō 3.
単	1	amāverim	monuerim	ēmerim
	2	amāveris	monueris	ēmeris
	3	amāverit	monuerit	ēmerit
複	1	amāverimus	monuerimus	ēmerimus
	2	amāveritis	monueritis	ēmeritis
	3	amāverint	monuerint	ēmerint

		audiō 4.	capiō 5.
単	1	audīverim	cēperim
	2	audīveris	cēperis
	3	audīverit	cēperit
複	1	audīverimus	cēperimus
	2	audīveritis	cēperitis
	3	audīverint	cēperint

§306. 過去完了接続法能動相

		1.	2.	3.
単	1	amāvissem	monuissem	ēmissem
	2	amāvissēs	monuissēs	ēmissēs
	3	amāvisset	monuisset	ēmisset

XXXIII 完了，過去完了の接続法能動および受動相． ……

		1.	2.	3.
複	1	amāvissēmus	monuissēmus	ēmissēmus
	2	amāvissētis	monuissētis	ēmissētis
	3	amāvissent	monuissent	ēmissent

		4.	5.
単	1	audīvissem	cēpissem
	2	audīvissēs	cēpissēs
	3	audīvisset	cēpisset
複	1	audīvissēmus	cēpissēmus
	2	audīvissētis	cēpissētis
	3	audīvissent	cēpissent

§307. 完了接続法受動相　　　　　　過去完了接続法受動相

		\	\	\	\
単	1	amātus, a, um	sim	amātus, a, um	essem
	2		sīs		essēs
	3		sit		esset
複	1	amātī, ae, a	sīmus	amātī, ae, a	essēmus
	2		sītis		essētis
	3		sint		essent

§308. 接続法能動相の完了および過去完了単数一人称は，それぞれ完了幹に erim, issem を加えたものである．

なお完了は単数一人称を除いて直説法能動相未来完了と同形である．

接続法受動相の完了および過去完了はそれぞれ完了分詞に sim, essem (cf. §281) を組み合わせたものである．

なお又，完了幹が āv, ēv で終わるものは，接続法完了で，ve の部分が脱落している形も用いられる．例　amārim(amāverim), dēlērim(dēlēverim)．īv で終わるものは，īve の部分が ie となっている形も用いられる(cf. §156)．例　audierim(audīverim)．

さらに又, āv, ēv, īv で終わるものは, 接続法過去完了で, vi の部分が脱落している形も用いられる(cf. §146). 例　amāssem(amāvissem), dēlēssem(dēlēvissem), audīssem(audīvissem).

§309.

(1) Juvenēs Sōcratem rogant quid sit jūstitia.

　　　　　　　　　　　(Quid est jūstitia?)

(2) Juvenēs Sōcratem rogābant quid esset jūstitia.

§310. 間接疑問文では接続法を用いる. 主文の動詞が現在, 未来を表わす時称の時は接続法現在を, 過去を表わす時称の時には接続法未完了過去を用いる (cf. §279. 但し §312 も参照).

§311.

(1) Rogant cūr fēcerit.

　　　　　(Cūr fēcit?)

(2) Rogāvērunt cūr fēcisset.

§312. 上の例文では, 間接疑問文の内容が主文の動詞の時称より以前のことである. その場合には, 主文の動詞が現在, 未来を表わす時称の時は, 接続法完了を, 過去を表わす時称の時は, 接続法過去完了を用いる. なお, 実は, §310 の説明があてはまるのは, 間接疑問文の内容が主文の動詞の時称と同時あるいはより以後の場合である.

§313.

cognōscō, ere, gnōvī, gnitum　知る

interrogō, āre, āvī, ātum　尋ねる

modestia, ae, *f.*　節制

rogō, āre, āvī, ātum　尋ねる

utrum ... an nōn　……かそれともそうでないか

vērus, a, um　真の

§314. 練習問題 63

1. Sōcratēs juvenēs rogāvit quid esset modestia. 2. Utrum vēra dīxissent

an nōn cognōscere cōnātus est. 3. Rogō tē quis sīs. 4. Rogō tē quid fēceris. 5. Dīcere nōn cupiō quis sim, quid fēcerim.

§315. 練習問題64

1. 若者たちはソクラテスに正義とはなにか熱心に(studiōsē)尋ねていた．2. ソクラテスは彼が真実を言っているかどうか知ろうと努める．3. 君たちは誰なのか君たちに彼は尋ねた．4. 君たちは何をしたのか君たちに彼は尋ねた．5. 我々が誰で，何をしたか我々は言いたくなかった．

§316. ［引用句21］

Dīxitque Deus: Fīat[1] lūx. Et facta est lūx.（『創世記』1, 3）[2]

そして神は言った．光あれ．そして光があった．

（解説）　1. fīō「生じる」の接続法現在単数三人称．接続法現在三人称は主文にあって，「……をして……せしめよ」の意味で用いられる．cf. §464. 2. cf. §243.

XXXIV 条件文(1)——事実に反対の仮定をする

§317. Sī valēs, bene est.　もしお元気であるならば，結構なことです．

§318. 条件を示す副文(上の例文でいえば Sī valēs)を前文(protasis)，帰結を示す主文(上の例文でいえば bene est)を後文(apodosis)という．

§319.
(1) Sī sīc facerēs, bene esset.　もし君がそのようにしているなら，よいのだが．
(2) Sī sīc fēcissēs, bene fuisset.　もし君がそのようにしたのだったら，よかったのだが．

§320. 現在の事実と反することを想定する場合は前文と後文において接続法未完了過去を用いる．過去の事実と反することを想定する場合は，前文と後文において接続法過去完了を用いる．

§321.

aberrō, āre, āvī, ātum　道を誤る
Athēniensis, is, *m.*　アテーナイ人
cīvitās, ātis, *f.*　国家
coepī, coeptum　始めた[現在形がない．incipiō, ere, cēpī, ceptum で代用する]
coetus, ūs, *m.*　集合，集まり
dux, ducis, *m. f.*　指導者，将軍
factum, ī, *n.*　事実，事柄
indignus, a, um　恥ずべき
jubeō, ēre, jussī, jussum　命令する
libenter　喜んで，進んで
Marathōn, ōnis, *f.*（ペルシャ戦役の古戦場）
nec... nec...　……でもなく……でもない
neglegō, ere, lēxī, lēctum　顧みない
nunquam　決して……ない
omnīnō　全く
Persae, ārum, *m. pl.*　ペルシャ人
sequor, quī, secūtus sum　従う[対格支配]

XXXIV 条件文(1)――事実に反対の仮定をする

§322. 練習問題 65

1. Nātūram sī sequēmur ducem[1], nunquam aberrābimus. 2. Sī lēgēs omnīnō neglegerentur, nec cīvitās esset, nec coetus hominum. 3. Sī tū jussissēs mē hoc facere, libenter fēcissem. 4. Sī esset jūstus vir, indignam mortem nōn paterētur. 5. Nisi vīcissent in Marathōne Athēniensēs, Graecī omnēs Persīs servīssent.

(註) 1.「導き手として」、nātūram と同格に置かれている．

§323. 練習問題 66

1. もし諸君が自然に従っているならば，決して道を誤ることはない．2. もし法が全く無視されていたならば[接続法過去完了で]，国家もなかったし，人間の交わりもなかったであろう．3. もし君が命令しているのであれば，喜んでするのだが．4. もし彼が正しい男であったなら[接続法過去完了で]，恥ずべき死を被ることもなかったであろうに．5. もしアテーナイ人がマラトンで勝っていなければ，ギリシャ人全体がペルシャ人に隷従していたであろう．

§324. [引用句 22]

Dīmidium factī quī[1] coepit habet. (ホラティウス『書簡詩集』1, 2, 40)

事を始めた人は事の半分を既に成し遂げたのである．

(解説) 1. 関係代名詞で，先行詞が省略されている(cf. §355)．「……ところの(者)は」．

XXXV　条件文(2)——仮想の場合と予想の場合

§ 325.

(1) Sī sīc faciās(fēceris), bene sit.　もし仮に君がそのようにする(してしまっている)ならば，それは結構なことであろう．

(2) Sī sīc faciēs(fēceris), bene erit.　もし君がそのようにする(してしまっている)ならば，それは結構なことであろう．

§ 326.　ありうるかどうかはさておいて，もし仮にあるとすればと想定して述べる場合は，前文に接続法現在を(あるいはその事柄の完了状態を想定する場合には接続法完了を)用いる(仮想的条件文)．後文には接続法現在が普通用いられる．

未来の条件を十分ありうるとの予想のもとに述べる場合は，前文に直説法未来あるいは未来完了を用いる(予想的条件文)．後文には直説法未来が普通用いられる．

§ 327.

crēdō, ere, didī, ditum　信じる
exerceō, ēre, uī, itum　訓練する
memoria, ae, *f.*　記憶力
minuō, ere, uī, ūtum　小さくする，弱める
plēnus, a, um　充たされている
　［属格あるいは奪格と］
voluptās, ātis, *f.*　楽しみ

§ 328.　練習問題 67

1. Senectūs plēna est[1] voluptātis, sī illā sciās ūtī[2]. (セネカ『書簡集』12, 4)　2. Memoria minuitur[1], crēdō, nisi eam exerceās. (キケロ『老年論』21)　3. Sī pauperēs erimus, senectūs molesta erit.　4. Dīmidium factī sī coeperis habēbis.　5. Sī lēgēs neglegantur, cīvitās esse nōn possit.

　(註)　1. 後文の内容を普遍的な事実だという気持でいう場合，直説法現在が用いられる．　2. ūtor［奪格支配］の現在不定詞．illā を受ける．

§329. 練習問題 68

1. 老年は楽しみに満ちているだろう，もしその用い方を我々が心得ているならば［予想で］．2. 記憶力は弱まるだろう，もしそれを鍛えなければ［予想で］．3. もし仮にあなたが貧しければ，老年はいとわしいだろう［仮想で］．4. 始めてしまったら，君たちは事を半分は済ませたことになるだろう［仮想で．cf. §324］．5. もし法が無視されるならば，国家は存在することはできないだろう［予想で］．

§330. ［引用句 23］

Nōn est quī faciat[1] bonum.（『ロマ書』3, 12）

善を行う者はいない．

（解説）　1. 接続法は，「(する，している)ような」の意味を表わす働きもある．直説法(facit)なら，「［現に］(する，している)」の意味である．cf. §456［註 2］．

XXXVI 不定詞(1)——完了能動および受動相. 対格不定詞節

§331. 不定詞(完了能動および受動相)

1.	2.	3.
amāvisse	monuisse	ēmisse
amātus esse	monitus esse	emptus esse
4.	5.	
audīvisse	cēpisse	
audītus esse	captus esse	

§332. 不定詞完了能動相は完了幹に isse を加えたものである．なお，visse で終わるものには，vi が脱落した別形がある(cf. §146)．

例　amāsse(amāvisse)

§333. 不定詞完了受動相は完了分詞に sum の不定詞現在 esse を組み合わせたものである．

§334.

(1) Dīcit(Dīxit) puerōs lūdere. (Puerī lūdunt.)　子供たちが遊んでいると彼が言う(言った)．

(2) Dīcit(Dīxit) puerōs lūsisse. (Puerī lūdēbant.)　子供たちが遊んでいたと彼が言う(言った)．

§335. 直接話法(平叙文)を間接話法に変えるには，直接話法の主格を対格に，動詞を不定詞に変えて，これ(対格不定詞節)を主文に連結する．なお，疑問文を間接話法に変える場合については，cf. §§309〜312.

§336. 対格不定詞節の内容が主文の時称以前の事柄である場合には完了不定詞，主文の時称と同時の事柄である場合には現在不定詞を用いる．

§337.

  certē　たしかに　　　　　｜ immortālis, e　不死の

§338. 練習問題 69

1. Omnēs dīcimus nōs jūstōs esse. 2. Animam immortālem esse crēdō. 3. Beātōs esse nōs volumus.（アウグスティヌス『幸福に生きるということ』10） 4. Beātī certē omnēs esse volumus.（cf. プラトン『エウテュデモス』278 E） 5. Beātōs certē omnīs esse volumus.

§339. 練習問題 70

1. 諸君は皆自分は賢いと言う．2. 彼(is)は正しいと我々は信じている．3. 女性は皆美しくあることを欲している．4. 我々はたしかに皆賢くありたいと欲している．5. あなたがた[女性]がたしかに皆幸せであって欲しいと我々は思っている．

XXXVII 不定詞(2)——未来能動および受動相

§340. 不定詞(未来能動および受動相)

   amātūrus, a, um esse   amātum īrī

§341. 不定詞未来能動相は，未来分詞と esse を組み合わせたものである．未来分詞は目的分詞(cf. §§218, 469～470)の um の部分を ūrus に変えて得られる．

§342. 不定詞未来受動相は，目的分詞と īrī を組み合わせたものである．目的分詞は他の分詞(や形容詞)のように活用するということをしない．その意味でいわば無精である[1]．īrī は eō「行く」のいわば現在受動相の不定詞である[2]．
 (註) 1. 目的分詞をラテン語の術語で supīnum[仰向けになっている，無精な]という．ローマの文法家はそこに目をつけて supīnum と名付けたのではないようであるが，我々の方であらためてそのような意味で supīnum と呼んでも差し支えないであろう．2. なぜ īrī が使われるようになったのか．ちょっと込み入った説明になるので，省略することにしたい(cf. §§363[註1], 474[註1])．

§343. 能相欠如動詞の不定詞(未来)

   hortātūrus, a, um esse

§344. 能相欠如動詞の不定詞未来も，能動相不定詞未来のように作られる．つまり不定詞未来においては能動相の形を取るわけである(すなわち hortātum īrī のようにならない)．

§345.
(1) Dīcit(Dīxit) puerōs lūsūrōs esse. (Puerī lūdent.)
(2) Dīcit(Dīxit) puerōs laudātum īrī. (Puerī laudābuntur.)

§346. 対格不定詞節の内容が主文の時称以後の事柄である場合には未来不定詞が用いられる．

XXXVII 不定詞(2)——未来能動および受動相

§347.

absolvō, ere, solvī, solūtum　釈放する	prōmittō, ere, mīsī, missum　約束する
aeternus, a, um　永遠の	reor, ērī, ratus sum　思う
peccātum, ī, *n*.　罪	vānitās, tātis, *f.*　空，空虚

§348. 練習問題 71

1. Spērāmus nōs absolūtum īrī ā peccātīs. 2. Pācem aeternam spērant sibi dōnātum īrī. 3. Ego nōn crēdō nōs pācem aeternam adeptūrōs[1]. 4. Quis sē nōn spērat diū vīctūrum[2] esse[1]? 5. Crās sē moritūrōs[3] plērīque nōn rentur.

（註）1. 未来不定詞および完了不定詞の esse は省略されることがある．2. vīvō の未来分詞．3. morior の未来分詞．目的分詞 mortuum（あるいは完了分詞 mortuus）から作られていない．不規則である．

§349. 練習問題 72

1. 彼は信じた，すべての人は救われる(salvō, āre, āvī, ātum)だろうと．2. 私[女性]は誉められるだろうと思っていた．しかし非難された．3. 来ると約束したのに，彼女は来なかった．4. 誰が幸福であること(sum の未来分詞 futūrus, a, um)を希望しないだろうか．5. あなたがた[女性]は長生きするだろうと我々は皆思っている．

§350. [引用句 24]

Omnia vānitās. (『伝道の書』1, 2)

いっさいは空である．

XXXVIII 関係代名詞

§351. quī, quae, quod ……するところの人（もの）

		男性	女性	中性
単	主	quī	quae	quod
	属	cujus	cujus	cujus
	与	cui	cui	cui
	対	quem	quam	quod
	奪	quō	quā	quō
複	主	quī	quae	quae
	属	quōrum	quārum	quōrum
	与	quibus	quibus	quibus
	対	quōs	quās	quae
	奪	quibus	quibus	quibus

§352. 活用は形容詞的な疑問代名詞 (cf. §261) と全く等しい．

§353. 関係代名詞は先行詞の性と数に一致する．格は関係文の要求するところによる．

例　Librum quem ēmī tibi dabō.　僕が買った本，君にあげよう．

§354. 先行詞は関係文の中でくりかえして言われることがよくある．

例　Liber mihi placet, quem librum dedistī.　君がくれた本，面白いよ．

§355. 一般的なことを述べた関係文の先行詞としては，限定代名詞 is が普通用いられる．またこの先行詞はしばしば省略される．

例　(Is) beātus est, quī est jūstus.　正しい人は幸福である．

§356. 関係代名詞は文頭で，接続詞と限定代名詞とを合わせた意味で用いられることがしばしばある．

例　Sīc fēcī. Quod[＝Et id] ubi vīdit, abiit.　私はそのようにした．で，そ

れを見ると彼は立ち去った．

§357.

abundans, antis 溢れている，富んでいる[奪格支配]
adulēscens, entis, *m. f.* 若者
argentum, ī, *n.* 銀
aurum, ī, *n.* 金
dīligō, ere, lēxī, lēctum 尊重する，愛する
jam 既に

levis, e 軽い，軽薄な
mūtō, āre, āvī, ātum 変える
parcō, ere, pepercī, parsum 容赦する[与格支配]
pereō, īre, iī(īvī), itum 滅びる
reposcō, ere 返せという
trans ……を越えて[対格支配]

§358. 練習問題 73

1. Quī parcit malīs, nocet bonīs. 2. Levis est fortūna : id cito reposcit quod dedit. 3. Aurō et argentō, quibus abundantem multī beātum esse putant, multī jam periērunt. 4. Quem dī[1] dīligunt adulēscens[2] moritur. (プラウトゥス『バッキス姉妹』816〜817) 5. Caelum, nōn animum, mūtant quī trans mare currunt. (ホラティウス『書簡詩集』1, 11, 27)

(註) 1. deus の複数 deī の別形．cf. §250. 2.「若くして」，名詞・形容詞は副詞的にも使われる．

§359. 練習問題 74

1. 悪人を容赦する[未来]人は，善人に害を与えることになるだろう．2. 運命は与えるものをすぐ返せというだろう．3. 金で溢れている人を幸福だと君は思っているが，これまでに金で身を滅ぼした人は多い．4. 神々に愛されている人は若くして死ぬだろう．5. 海外を股にかけてきたといっても，気候風土が変わるだけで，その人の頭の中が変わるわけではない．

XXXIX 非人称動詞

§360.

(1) Oportet facere sīc. そのようにしなければならない．

(2) Cottīdiē pluit. 毎日雨が降った．

§361. oportet, ēre, uit ; pluit, ere, pluit のように通常三人称単数形（あるいは不定詞）でしか用いられないものを非人称動詞という．

§362.

(1) Sīc vīvitur. （人は）そのように生きている．

(2) Sīc vīctum est. （人は）そのように生きた．

§363. 自動詞にも，三人称単数形（あるいは不定詞）だけに，いわば受動相がある[1]．つまり，自動詞のこのような受動相は非人称動詞的である．完了系時称での分詞は中性形をとる．

その場合，上の例文に即していえば，（不特定の主語について）いわば「生きるということが行われ（てい）る」というような意味合いのことがいわれていると考えてもよいであろう．

（註） 1. ītur(eō「行く」)は「(人々が)行く」という意味になろう．又これを間接話法でいえば Dīcit īrī. ということになろう．不定詞未来受動相の，例えば，amātum īrī(cf. §342)の īrī は，この īrī に由来する．これだけでは，なぜ不定詞未来受動相に īrī が使われるようになったのかの説明にはなっていないが，とりあえずその点だけ指摘しておきたい．

§364.

facilius より容易に

imperītus, a, um 経験がない，通じていない

interest, interesse, interfuit 関心事である，重要事である，得になる

invideō, ēre, vīdī, vīsum 妬む ［対象になる人物を与格で表わす］

licet, ēre, licuit 許されている

maximē 極めて多く，非常に

meā meus［私の］の女性単数奪格形

XXXIX 非人称動詞

nēminī nēmō[誰も……ない]の与格

paenitet, ēre, uit 後悔する，不満である[そう感じる人物を対格で，その対象を属格で表わす]

quō それによって……するために

teneō, ēre, uī, ntum 理解する

tuā tuus[あなたの]の女性単数奪格形

§365. 練習問題 75

1. Lēgem brevem esse oportet, quō¹ facilius ab imperītīs teneātur. (セネカ『書簡集』94, 38) 2. Tuā² et meā² maximē interest tē valēre. (キケロ『友人宛書簡集』16, 4, 4) 3. Peccāre licet nēminī. 4. Suae quemque fortūnae paenitet. 5. Semper invidēbitur³ dīvitibus.

（註） 1. = ut eō(それ[法が短くあること]によって……ために). 目的節に facilius のような比較級の語がある場合用いられる．2.「……にとって」を表わす語は属格に置かれる．但し，「私にとって」のような，人称代名詞の場合は所有形容詞女性単数奪格が用いられる．3. cf. §§ 362, 363.

§366. 練習問題 76

1. 我々は強くあらねばならない．2. 善く生きることが我々にとって重要だ．3. すべてのことをすることが私には許されている．4. 私は自分の愚かさ(stultitia, ae, *f.*)を後悔している．5. いつも(ひとは)金持ちを妬んだ．

XL 分詞(1)——現在能動相

§367. 分詞(現在能動相)

1.	2.	3.	4.	5.
amans	monens	emens	audiens	capiens

§368. ns の前が，第一活用では a，その他の活用では e である．

§369. 受動相には現在分詞はない．能相欠如動詞の現在分詞は，能動相現在分詞のように作られる．つまり不定詞未来の場合と同じように現在分詞においても能動相の形を取るわけである (cf. §344)．

§370. 現在分詞は，形容詞第三活用(混合幹) prūdens のように活用する (cf. §200)．

§371. eō「行く」の現在分詞は iens である．iens は euntis, euntī 等のように活用する．単数の，男・女性主格，中性主・対格以外は，ie ではなくて eu となっている点に注意 (cf. §108)．

§372.

muscās capientem rānam　蠅を捕まえている蛙を
audientēs　聞いている人々

§373. 分詞は動詞的機能(例えば目的語をとる)と形容詞的機能(名詞と性・数・格において一致して，これを修飾する．そのままで名詞としても普通に用いられる．cf. §§62, 65) とを分け持つ (cf. §214)．

§374.

adūlor, ārī, ātus sum	へつらう	annus, ī, *m*.	年，年齢
agō, ere, ēgī, āctum	追い立てる，行う	dormiō, īre, īvī, ītum	眠る，無関心である
āmens, entis	狂っている	fluō, ere, flūxī, flūxum	流れる

XL 分詞(1)——現在能動相

jūs, jūris, *n*. 法, 権利
mentior, īrī, ītus sum 嘘をつく
mōlior, īrī, ītus sum 企てる
operōsus, a, um 活動的, せわしい

subveniō, īre, vēnī, ventum 助ける[与格支配]
vigilō, āre, āvī, ātum 眠らずにいる, 注意している

§375. 練習問題 77

1. Eunt annī mōre¹ fluentis aquae. (オウィディウス『恋の技術』3, 62) 2. Senectūs est operōsa et semper agens aliquid et mōliens. (cf. キケロ『老年論』26) 3. Mentientis et adūlantis verba jūcunda sed nocentia. 4. Amantēs āmentēs. (cf. テレンティウス『アンドロス島の女』218) 5. Vigilantibus et nōn dormientibus jūra subveniunt.

（註） 1.「……のように」, 様態を示す奪格.

§376. 練習問題 78

1. 彼は苦しんでいる (patior, patī, passus sum) 人々を助けた. 2. 青年はいつも何か企んでいるものだ. 3. おべっか使いたちの言葉[単数]は害がある. 4. 恋している人[単数]は狂っているのだ. 5. 法[単数]は眠っている人[単数]を助けない.

XLI 分詞(2)――完了受動相，未来能動相．状況を示す分詞

§377. 受動相完了分詞は既に学んだ(cf. §§212～213)．能動相には完了分詞はない．

§378. 能動相未来分詞は既に学んだ(cf. §§341, 344)．受動相には未来分詞はない．

§379.

(1) Is mūsicam audiens librum legēbat. 彼は音楽を聞きながら本を読んでいた．

(2) Ea monita sīc fēcit. 彼女は忠告されていたのに(……ので)そのようにした．

(3) Nōn audiērunt mē doctūrum. 私が教えようとしたのに彼らは私の言うことを聞かなかった．

§380. 分詞は，主文の状況を示すのに用いられる．その状況は時間(「しながら，している時，した後で」)，原因(「ので」)，譲歩(「にもかかわらず」)等様々で，正確な意味は個々の文脈によって判断することになる．

§381. 現在分詞は主文の動詞の時称と同時・継続的な行為を，完了分詞は主文の動詞の時称より以前の，未来分詞はより以後の行為を示す．

§382.

addiscō, ere, didicī 更に学ぶ	duo, duae, duo 2［数詞．cf. §413］
ante ……の前に［対格支配］	ēlābor, bī, lāpsus sum 逃れる，消え失せる
censor, ōris, *m.* 監察官，(鋭い)批評家	ferus, a, um 野蛮な
cōtīdiē 毎日，日々に	Graecia, ae, *f.* ギリシャ
dēlinquō, ere, līquī, lictum 誤る，罪を犯す	Juppiter, Jovis, *m.* (ローマ人

の最高の神）〔主格以外の語幹はJov- で，主格の形と非常に異なる点に注意〕

labōrō, āre, āvī, ātum　働く

occāsiō, ōnis, f.　機会

oculus, ī, m.　目

orior, īrī, ortus sum, oritūrus　起きる，生ずる

pectus, toris, n.　胸

pēra, ae, f.　ずだ袋

Platō, ōnis, m.　プラトン

post　……のうしろに〔対格支配〕

proprius, a, um　自分の，固有の

repleō, ēre, ēvī, ētum　一杯にする

reprehendō, ere, hendī, hensum　とらえる

semel　一度

senex, senis, m. f.〔単数主格以外の語幹は sen-，単数主格の語幹は senec-．相違に注意〕老人

simul　……や否や

suspendō, ere, pendī, pensum　掛ける，吊るす

tergum, ī, n.　背中，うしろ

victor, ōris, m.　勝利者，征服者

vitium, ī, n.　欠点，悪徳

§383. 練習問題 79

1. Platō scrībens est mortuus.（cf. キケロ『老年論』13）　2. Graecia capta ferum victōrem cēpit.（ホラティウス『書簡詩集』2, 1, 156）　3. Ēlāpsam semel occāsiōnem nōn potest Juppiter ipse[1] reprehendere.　4. Amor ex oculīs oriens in pectus cadit.　5. Ego cōtīdiē aliquid addiscens senex fīō.（cf. キケロ『老年論』26）

（註）　1.「さえも」．

§384. 練習問題 80

1. 彼らは働きながら考えた．　2. 彼女（ea）はとらえられたけれど，彼をとらえてしまった．　3. 一度恋が生まれたけれど，直ちに失われた．　4. 恋はしばしば(saepe)目から生じてきて胸の中に落ちる．　5. 彼らは何も学ぶことなしに老人になる．

§385. ［文例1］

DE VITIIS HOMINVM (HOMINVM の V については，§2を参照)
Dē vitiīs hominum

    Pērās imposuit Juppiter nōbīs duās[1]:
   propriīs[1] replētam vitiīs post tergum dedit,
    aliēnīs[1] ante pectus suspendit gravem.
   Hāc rē[2] vidēre nostra mala nōn possumus;
    aliī simul dēlinquunt, censōrēs sumus.
            Phaedrus, 4, 10[3].

（註）1. duās は pērās に，propriīs は vitiīs に，aliēnīs(vitiīs が略されている)は gravem に係っていく．なお，「いっぱいにする」等を意味する動詞，形容詞は「なになにで」に当るところが vitiīs, aliēnīs のように奪格で示される．2. 原因を示す奪格．3. 紀元前1世紀末から1世紀半ば頃迄の人．イソップ寓話を韻文で書き改めた．その寓話集の第4巻，第10篇．

［訳解］ひとの欠点
    ずだ袋を大神ユピテルは我々に二つ負わせた．
   自分の欠点が一杯詰まった方はうしろの背中側に振り当てた．
   他人の欠点が入って重くなっている方は胸の前にぶらさげた．
    それで我々は，自分の悪い所が見えない一方で
   他人が間違えるや否や，なかなか鋭い批評家なのである．

XLII　奪格の独立的用法

§ 386.

(1) Nostrīs vīsīs, hostēs fūgērunt.　わが軍を見ると［わが軍が見られると］、敵は逃げた．

(2) Mātre repugnante, fīlia sīc fēcit.　母親が反対しているのに，娘はそのようにした．

(3) Patre vīvō, puella beāta erat.　父が生きている間は，少女は幸せだった．

(4) Cicerōne consule, Catilīna conspīrāvit.　キケロが執政官の時，カティリーナは陰謀を企てた．

§ 387. 上の例文では，名詞の奪格(nostrīs, mātre, patre, Cicerōne)とそれに係わる分詞，形容詞，名詞の奪格が，主語・述語の関係にあって，主文の状況を示す副文のように用いられている．このように用いられる奪格を独立的奪格という．なお，(1)のような完了分詞の独立的奪格の用法が，能動相完了分詞の欠けている点(cf. § 377)を補っていることになる．

§ 388.

acerbus, a, um　未熟な

adpetō, ere, tīvī, tītum　欲しがる，手を伸ばす

adscrībō, ere, scrīpsī, scrīptum　割り当てる，あてはめる

aegrōtus, a, um　病気の

ajō[ais, ait, ajunt]　断言する，言う(cf. § 550)

apud　……のもとで［対格支配］

Asia, ae, f.　(ローマの属州．現トルコ西部．アジアの語源)

celeriter　速く

cōgō, ere, coēgī, coāctum　駆り立てる

conficiō, ere, fēcī, fectum　作り上げる

confirmō, āre, āvī, ātum　強める，鼓舞する

discēdō, ere, cessī, cessum　立ち去る

dubius, a, um 疑っている, あやふやな

ēlevō, āre, āvī, ātum けなす

famēs, is, *f.* 飢え

fleō, ēre, ēvī, ētum 泣く

Germānia, ae, *f.* ゲルマニア（おおよそ今のドイツに当る地域）

gladius, ī, *m.* 剣

insāniō, īre, īvī, ītum 気が狂っている

mātūrus, a, um 熟している

mens, mentis, *f.* 心

mīles, litis, *m.* 兵士

officium, ī, *n.* 義務

paululum ほんのしばらくの間

pons, pontis, *m.* 橋

quis, quid ある人, ある物 [sī, nē 等の後では, aliquis, aliquid の代わりに用いられる]

reddō, ere, didī, ditum 返す, 与える

repetō, ere, tīvī, tītum 返せという

requiēscō, ere, quiēvī, quiētum 休む, 休養する

Rōmānus, a, um ローマの

saliō, īre, luī(liī) 跳び上がる

sānus, a, um 健康な, 分別のある

sūmō, ere, sūmpsī, sūmptum 取る

tangō, ere, tetigī, tāctum 触れる

trādūcō, ere, dūxī, ductum むこうに導く

ut ……や否や

ūva, ae, *f.* 葡萄(の房)

victōria, ae, *f.* 勝利

vīnea, ae, *f.* (葡萄畑の)葡萄の木 [集合的に. 個別的には vītis, is, *f.*]

vīs [対格 vim, 奪格 vī, 複数主格 vīrēs], *f.* 力, 暴力

§ 389. 練習問題 81

1. Ponte celeriter confectō Caesar mīlitēs in Germāniam trādūxit. 2. Dubiā victōriā Caesar mīlitum animōs confirmāvit. 3. Asiā victā dux Rōmānus multōs servōs Rōmam[1] mīsit. 4. Fīliō aegrōtō dormiente māter paululum requiēvit. 5. Fīlius mortuus est. Quō vīsō māter flēre coepit.

(註) 1. cf. §110.

§ 390. 練習問題 82

1. 橋を手早く作り上げて，カエサルは兵士らをゲルマニアに渡すだろう．2. 勝敗がはっきりしないので，カエサルは兵士らの気持ちを鼓舞する．3. アシアを征服すると，ローマの指揮官は沢山の奴隷をローマへ送るだろう．4. 病気の息子が寝ている間，母親はしばらくの間休むのだった．5. 娘が死んだ．そしてそれを見て母親は泣き始めた．

§ 391. [引用句 25]

Sī gladium quis apud tē sānā mente dēposuerit, repetat insāniens, reddere peccātum sit, officium nōn reddere.

(キケロ『義務論』3, 95. cf. プラトン『国家』331 C)

刀を誰かが君の手元に頭が正常な時に預けたとして，頭がおかしい状態で返してくれと言ってきた場合，返すことは間違いで，返さないのが義務というものであろう．

§ 392. [文例 2]

DE VVLPE ET VVA

Dē vulpe et ūvā

   Fame coācta vulpēs altā[1] in vīneā
 ūvam adpetēbat, summīs saliens vīribus.
 quam[2] tangere[3] ut nōn potuit, discēdens ait
 "Nōndum mātūra es ; nōlō acerbam sūmere."
 Quī[4], facere[3] quae[4] nōn possunt, verbīs ēlevant,
 adscrībere hoc dēbēbunt exemplum sibi.

          Phaedrus, 4, 3.

(註) 1. alta vīnea「葡萄の木の高いところ」．cf. media via「道のまん中」，summus mons「山のいただき」．形容詞をこのように使って位置を示すこともできる．2. cf. § 356. 3. potuit, possunt の後ろに置いて考えてみること．4. cf. § 355.

[訳解] 狐と葡萄

　　　　腹を空かせた狐が，葡萄の木の高いところにある
ひと房に向かって手を伸ばしていた，全力で跳び上がって．
ところが触ることもできなかった．そこで立ち去りながら言った．
「まだお前は熟していない．未熟なのは取りたくないね」
自分ではできもしない物事をくだらないものだと言っている人は
　　　　この例を自分に当てはめてみるべきであろう．

XLIII 形容詞の比較

§ 393. 形容詞の多くは，男性単数属格形から ī(第一，第二活用の場合)，is (第三活用の場合)を取り，ior を添えて比較級を，issimus を添えて最上級を作る．

longus(longī)	長い	longior	longissimus
brevis(brevis)	短い	brevior	brevissimus
audāx(audācis)	大胆な	audācior	audācissimus

§ 394. er に終わる語は，これに rimus を添えて最上級を作る．

pulcher(pulchrī)	美しい	pulchrior	pulcherrimus
celer(celeris)	速い	celerior	celerrimus

§ 395. facilis 容易な, difficilis 難しい, similis 似ている, dissimilis 似ていない, gracilis 細長い, humilis 卑しい, の六語は issimus でなく，limus を添えて最上級を作る．

facilis(facilis)		facilior	facillimus
cf. ūtilis(ūtilis)	有用な	ūtilior	ūtilissimus

§ 396. 比較級の活用(最上級の活用は形容詞第一，第二活用[1]と同じ)

brevior　より短い

		男・女性	中性		男・女性	中性
単	主・呼	brevior	brevius	複	breviōrēs	breviōra
	属	breviōris	breviōris		breviōrum	breviōrum
	与	breviōrī	breviōrī		breviōribus	breviōribus
	対	breviōrem	brevius		breviōrēs	breviōra
	奪	breviōre, ī	breviōre, ī		breviōribus	breviōribus

§397. 中性単数主・対格の末尾 ius に注意．単数奪格語尾 ī (cf. §137) は詩において，また初期及び後期の散文でよく用いられる．

§398.
(1) Quīntus prūdentior est Sextō.
(2) Quīntus prūdentior est quam Sextus.
　　クイントゥスのほうがセクストゥスより思慮深い．

§399. 比較の対象は奪格形で示される．または接続詞 quam「……より」の後に置かれて示される．

§400. Quīntus prūdentissimus omnium est.
　　クイントゥスはみんなのうちで一番思慮深い．

§401. 最上級は「……の中で一番」を意味するわけであるが，「……の中で」と言われるものは，普通属格形で示される (cf. §268 [註1])．

§402. 比較級，最上級は独立的に用いられて，それぞれ「比較的……」，「極めて……」の意味で用いられることも多い．

　　brevius (brevissimum) tempus　　比較的(極めて)短い時間

なお，比較級の単数中性対格は副詞としても用いられる．また，最上級の単数男性主格の us を ē に代えれば副詞が得られる．

　　brevius　より短く，brevissimē　最も短く

§403.

asinus, ī, *m.*　ろば
certus, a, um　確実な
falsus, a, um　偽りの
futūrus, a, um　将来の [sum の未来分詞]
habeō　(ある物と)みなす [habeō... prō...]
ignōrātiō, ōnis, *f.*　無知
incertus, a, um　不確かな

magis　より以上，むしろ
pertināx, ācis　強固な，忍耐強い
prō　……の前で，……のために，……として [奪格支配]
scientia, ae, *f.*　知，知識，科学
stultus, a, um　愚かな
tam　それほど　tam... quam... ……と同程度に……

XLIII 形容詞の比較

§ 404. 練習問題 83

1. Hic juvenis prūdentior est quam ille juvenis. 2. Asinus nōn tam vēlōx est quam equus, sed pertinācior. 3. Nescīs quis sit pulcherrima. 4. Ignōrātiō futūrōrum malōrum ūtilior est quam scientia. 5. Quid est stultius quam incerta prō certīs habēre, falsa prō vērīs ?

§ 405. 練習問題 84

1. この少女のほうがあの少女より美しい．2. 馬のほうがろばより速い．3. なにが一番有益か我々は知っていない．4. 将来の悪を知ることは極めて難しい．5. 偽りは真実に極めて似ている．

§ 406. ［引用句 26］

 Beātius est magis dare quam accipere. (『使徒行伝』20, 35)
 受けるよりはむしろ与える方がさいわいである．

XLIV　形容詞の不規則な比較

§ 407. 若干の基礎的な形容詞は，比較級，最上級の作り方が不規則である．

bonus	良い	melior	optimus
malus	悪い	pejor	pessimus
magnus	大きい	major	maximus
parvus	小さい	minor	minimus
multus	多い	plūs	plūrimus

§ 408. plūs の活用

	男・女性	中性		男・女性	中性
単 主・呼	――	plūs	複 主・呼	plūrēs	plūra
属	――	plūris	属	plūrium	plūrium
与	――	――	与	plūribus	plūribus
対	――	plūs	対	plūrēs	plūra
奪	――	――	奪	plūribus	plūribus

§ 409. plūs の単数には男・女性形がない．中性形も与格，奪格を欠く．複数属格が plūrium である点に注意（plūrum ではない）．

§ 410.

corruptiō, ōnis, *f*.　堕落
nāscor, scī, nātus sum　生まれる

odium, ī, *n*.　憎しみ
propior, ius　より近い
simulātiō, ōnis, *f*.　見せかけ

§ 411. 練習問題 85

1. Pejor odiō amōris simulātiō. (小プリニウス『トラヤヌス帝称賛演説』85, 1) 2. Corruptiō optimī pessima. 3. Nihil malō vīnō pejus est, nihil bonō melius.

4. Mors nōbīs cottīdiē est propior. 5. Nēmō sine vitiīs nāscitur ; optimus ille est quī minima habet.

§412. 練習問題 86

1. 憎むよりも悪い，愛するふりをする方が．2. 最善なるものの堕落は最悪であると私は思う[1]．3. 悪い葡萄酒より悪いものはなにもなく，良い葡萄酒より良いものはなにもない．4. 死は日毎にあなたたちに近づいている．5. 生まれつき欠点のない者はいない．欠点のより小さな人がより良い人なのだ．

（註） 1. esse は使っても使わなくてもよい．

XLV 数　　詞

§ 413. ūnus「一つ(の)」, duo「二つ(の)」, trēs「三つ(の)」の活用

	男性	女性	中性	男性	女性	中性
主	ūnus	ūna	ūnum	duo	duae	duo
属	ūnīus	ūnīus	ūnīus	duōrum	duārum	duōrum
与	ūnī	ūnī	ūnī	duōbus	duābus	duōbus
対	ūnum	ūnam	ūnum	duōs, duo	duās	duo
奪	ūnō	ūnā	ūnō	duōbus	duābus	duōbus

	男・女性	中性
主	trēs	tria
属	trium	trium
与	tribus	tribus
対	trēs, trīs	tria
奪	tribus	tribus

§ 414. 4(quattuor)から20(vīgintī)までは活用しない。21(vīgintī ūnus)から199までは、1から3までの数詞だけが活用する。200(ducentī)から999までは、1から3までの数詞と百位の数詞が活用する。百位の数詞は第一、第二活用形容詞複数と同じ活用をする(cf. § 508)。

§ 415. 1000はmīlle。2000はduo mīlia。mīliaはmīlleの複数形(中性)で、mīlia, mīlium, mīlibus, mīlia, mīlibusと活用する。そして、例えば「千人の兵士が」はmīlle mīlitēs,「千人の兵士と共に」はcum mīlle mīlitibus,「二千人の兵士が」はduo mīlia mīlitum(複数属格),「二千人の兵士と共に」はcum duōbus mīlibus mīlitum のように用いられる。

§416.

absum, abesse, āfuī 離れている

alius, a, ud[alium でない点に注意. cf. id, istud, illud] 他の

annus, ī, *m.* 年, 年齢

appellō, āre, āvī, ātum ……と呼ぶ

Aquītānī, ōrum, *m. pl.* (Aquītānia[南西ガリア]人)

aut はたまた, あるいは

Belgae, ārum, *m. pl.* (北ガリアにいた部族)

bōs, bovis, *m. f.* 牛

Celtae, ārum, *m. pl.* ケルト人

commentārius, ī, *m.* 記録書

commeō, āre, āvī, ātum 往来する

condō, ere, didī, ditum 建設する

contendō, ere, tendī, tentum 競う, 戦う

continenter 絶えず

cōtīdiānus(cottī-), a, um 毎日の

cultus, ūs, *m.* 耕作, 文明化された状態

decimus, a, um 第10番目の

differō, differre, distulī, dīlātum 相違する

dīvidō, ere, vīsī, vīsum 分ける

duodēvīgintī 18[数詞]

effēminō, āre, āvī, ātum 軟弱にする

fīnis, is, *m.* 結末, 終わり, [複数で]領域

flūmen, minis, *n.* 水流, 川

Gallicus, a, um ガリアの

Garumna, ae, *f.* (現ガロンヌ川)

Helvētiī, ōrum, *m. pl.* (スイスのあたりにいた部族)

hūmānitās, ātis, *f.* 文明, 文化

importō, āre, āvī, ātum 輸入する

incolō, ere, coluī, cultum 住む

institūtum, ī, *n.* 慣習

lingua, ae, *f.* 舌, 言語

Mātrona, ae, *f.* (セーヌ川の支流. 現マルヌ川)

mercātor, ōris, *m.* 商人

nātus, a, um ……歳の[annus の対格と共に]

ovis, is, *f.* 羊

pertineō, ēre, tinuī, tentum 及ぶ, 係わりがある, 影響がある

praecēdō, ere, cessī, cessum 勝る, 凌ぐ

prīmus, a, um 第1番目の
prohibeō, ēre, buī, bitum 遠ざける, 寄せつけない
proptereā そのために
prōvincia, ae, f. 属州
proximus, a, um もっとも近い
quadrāgēsimus, a, um 第40番目の
quārtus, a, um 第4番目の
quīnquāgintā 50 [数詞]
reliquum, ī, n. 残り
Rhēnus, ī, m. （現ライン川）
septingentēsimus, a, um 第700番目の
Sēquana, ae, f. （現セーヌ川）
sex 6 [数詞]
sexāgintā 60 [数詞]
tertius, a, um 第3番目の
ūndecimus, a, um 第11番目の
vēndō, ere, didī, ditum 売る
virtūs, ūtis, f. 男らしさ, 勇敢, 徳, 力量

§417. 練習問題87

1. Fīlia mea duodēvīgintī annōs nāta est. 2. Caesar interfectus est quīnquāgintā sex ferē[1] annōs nātus, Cicerō sexāgintā trīs ferē annōs nātus. 3. Annō quadrāgēsimō quārtō ante Christum nātum[2] interfectus est Caesar, annō quadrāgēsimō tertiō ante Christum nātum Cicerō. 4. Annō urbis conditae[2] septingentēsimō decimō interfectus est Caesar, annō urbis conditae septingentēsimō ūndecimō Cicerō. 5. Is mercātor vēndidit mīlle bovēs et ēmit tria mīlia ovium.

　（註）　1.「ほぼ」. 2.「キリスト生誕」,「（ローマ）市建設」.

§418. 練習問題88

1. 彼の息子は21(vīgintī ūnus)歳だ. 2. カエサルが亡くなった(morior)のはほぼ56歳, キケロが亡くなったのはほぼ63歳の時だ. 3. 紀元前44年に, カエサルが, 紀元前43年にキケロが殺された. 4. ローマ市建設710年にカエサルが, 711年にキケロが殺された. 5. その商人たちは二千頭の牛を売り, 一千頭の馬を買った.

§419. [文例3]

C[1]. IVLI[2] CAESARIS COMMENTARIORVM DE BELLO GALLICO LIBER PRIMVS, 1[3].

Gāī Jūlī Caesaris commentāriōrum dē bellō Gallicō liber prīmus, 1.

　Gallia est omnis dīvīsa in partīs trīs, quārum ūnam incolunt Belgae, aliam Aquītānī, tertiam quī ipsōrum[4] linguā[5] Celtae, nostrā Gallī appellantur. hī omnēs linguā, institūtīs, lēgibus inter sē differunt. Gallōs ab Aquītānīs Garumna flūmen, ā Belgīs Mātrona et Sēquana dīvidit. hōrum omnium fortissimī sunt Belgae, proptereā[6] quod ā cultū atque hūmānitāte prōvinciae[7] longissimē absunt, minimēque ad eōs mercātōrēs saepe commeant atque ea quae ad effēmināndōs animōs[8] pertinent important, proximīque sunt Germānīs quī trans Rhēnum incolunt, quibuscum continenter bellum gerunt. quā[9] dē causā Helvētiī quoque reliquōs Gallōs virtūte praecēdunt, quod ferē cōtīdiānīs proeliīs[10] cum Germānīs contendunt, cum[11] aut suīs fīnibus eōs prohibent aut ipsī in eōrum fīnibus bellum gerunt.

　（註）　1. Gāius（この場合は属格 Gāī）の頭文字．C はかつて［g］の音も表わしていた．これは，その名残．G は後に C を変形して作られたものである．2. V の前の I については，§2 を参照．3.「ガーイウス・ユーリウス・カエサルの『ガリア戦争についての覚え書』第 1 巻第 1 節」．4. 強意代名詞 ipse は三人称の再帰代名詞としても用いられる．5. 場所を示す奪格の転用．6. quod 以下で示される理由をあらかじめ「そのために」といって指し示している．7. 今のマルセイユあたりからナルボンヌあたりにかけてあったローマの属州．8. 第 XLVI 課，第 XLVII 課，§439 を参照．「精神を軟弱にすることに（係わりがある）」．9. ＝et eā. cf. §356. 10. 仕方を示す奪格．11.「……（する）ことによって」．

［訳解］　カエサル『ガリア戦記』
　ガリアはその全体が三つの部分に分かれている．その一つに住んでいるのがベルガエ人，もう一つがアクウィタニア人，三つ目が自称ケルタエ人で，我々はこれをガリア人と呼んでいる．これら三者は言語，慣習，法制の点で互いに異なっている．ガリア人はアクウィタニア人からガルムナ川が，ベルガエ人か

らマトゥロナ川とセクワナ川がこれを分け隔てている．これら三者のうちでもっとも強いのはベルガエ人である．というのはローマ属州の文化教養から一番離れており，また彼らの所に商人が往来し，精神を軟弱にする作用をするものを持ち込むことがもっとも少なく，またレヌス川の向こうに住むゲルマニア人に一番近く，これと常時戦争をしているからである．また同じ理由でヘルウェティア人も他のガリア人に強さの点で立ち勝っている．というのは自分の領土からゲルマニア人を追い払ったり，自分の方から彼らの領土に赴いて戦争をするという具合に，ほとんど毎日戦闘を交えてはゲルマニア人と張りあっているからである．

XLVI 動名詞(gerund)

§420. 動名詞

	1.	2.	3.	4.	5.
属	amandī	monendī	emendī	audiendī	capiendī
与	amandō	monendō	emendō	audiendō	capiendō
対	amandum	monendum	emendum	audiendum	capiendum
奪	amandō	monendō	emendō	audiendō	capiendō

§421. -ndī の前が第一活用では a，その他では e となっている．主格がなく，-ndī (属格)以下第二活用名詞単数と全く同じように活用する(なお，複数形はない)．

§422. eō「行く」の動名詞は eundī, eundō, eundum, eundō である(cf. §371)．

§423. 能相欠如動詞においても動名詞は同様に作られる(cf. §§344, 369)．

	hortor	vereor	loquor	mentior	morior
	1.	2.	3.	4.	5.
属	hortandī	verendī	loquendī	mentiendī	moriendī

§424.
(1) Sīc facere est malum. そうするのは悪い．
(2) Sīc facere volō. 私はそうしたい．

§425. 上例(1)に明らかなように，動名詞の主格の欠如は不定詞によって補われている．上例(2)の動詞補語としての働きを動名詞は持っていない．

§426.
(1) Nōn est sīc faciendī tempus. そうする時ではない．
(2) Sīc faciendī cupidus sum. 私はそうしたい．

(3) Sīc faciendō idōneus sum. 私はそうするのに向いている．

(4) Ad sīc faciendum iī. 私はそうするために行った．

(5) Sīc faciendō vīcī. 私はそうすることによって勝った．

§427. 上例のような働きを不定詞は持っていない．その不足を動名詞が補っているわけである．

§428.

afferō, afferre, attulī, allātum 持ち運ぶ，用いる

aptus, a, um 適した［与格支配］

audeō, ēre, ausus sum［完了諸形は能相欠如型］ 敢えてする

crēscō, ere, crēvī, crētum 大きくなる

dēsum, dēesse, dēfuī, dēfutūrus 欠けている

eques, equitis, *m.* 騎兵

equitō, āre, āvī, ātum 馬に乗る

locus, ī, *m.*［複数は locī の他に loca, *n.*］場所，［複数 loca］場所柄，地勢

lūsus, ūs, *m.* 遊び

minimē もっとも少なく，決して……でない

nam なぜなら

natō, āre, āvī, ātum 泳ぐ

opera, ae, *f.* 苦労　operam dō 努力する［与格支配］

patientia, ae, *f.* 忍耐

perītus, a, um 熟練した，巧みな［属格支配］

praemittō, ere, mīsī, missum 先に送る

tardō, āre, āvī, ātum ためらう

timor, ōris, *m.* 恐れ

§429. 練習問題 89

1. Is cui dēest patientia minimē[1] aptus docendō est. 2. Puerī post lūsūs plūs[2] vīrium afferunt ad discendum. 3. Audendō virtūs crēscit, tardandō timor. 4. Caesar equitēs loca cognōscendī causā praemīsit. 5. Veterēs Germānī equitandī et natandī sunt perītissimī; nam ā puerīs[3] equitandō et natandō operam dant.

(註) 1. 形容詞の最上級の末尾 us を ē に置き替えることによって副詞の最上級が得られる(cf. §402). 2. plūs の単数は属性的に用いられない(cf. §63). 複数属格

と共に用いて「より多くの……」を意味する．3.「子供の頃から」．

§ **430.** 練習問題 90

1. 忍耐心に欠ける者たちは教えることにもっとも向いていない．2. 子供たちは遊んだ後のほうが勉強にもっと力を向けるだろう．3. 思い切ってやることによって勇気が増し，ためらうことによって恐怖が増すだろう．4. カエサルは地勢を知るために騎兵[単数]を先発させる．5. 老練なゲルマニア人は馬に乗ることと泳ぐことに極めて熟達していた．

XLVII　動形容詞(gerundive)

§431. 動形容詞

1.	2.	3.	4.	5.
amandus	monendus	emendus	audiendus	capiendus

§432. 動名詞と同じように作られ，形容詞第一，第二活用と同じ活用をする．能相欠如動詞についても，同様に作られ，同様に活用する．

§433. 他動詞の動形容詞は「……されるべき，……されねばならぬ」の意味を表わす．

　例　amandus「愛されるべき」，hortandus「励まさるべき」

§434. 自動詞の動形容詞は「……すべき，……せねばならぬ」の意味を表わす．中性単数主格形が，非人称的な表現(cf. §§360～363)として用いられる．行為者は与格で示される．

　例　Eundum tibi est.　君は行くべきである．

§435.

cūrō, āre, āvī, ātum　配慮する
dēdūcō, ere, dūxī, ductum　引率する
ēducō, āre, āvī, ātum　教育する
gerō, ere, gessī, gestum　司る，管理運営する
hīberna, ōrum, *n. pl.*　冬季陣営
hiems, mis, *f.*　冬
indulgenter　寛大に，甘やかして
ineō, īre, iī(īvī), itum　入る，始まる
legiō, ōnis, *f.*　軍団
sevērē　厳格に
tempus, poris, *n.*　時，時間，情勢

§436. 練習問題 91

1. Omnia suō tempore facienda sunt. 2. Rēspūblica gerenda est virīs[1] optimīs. 3. Omnibus hominibus moriendum est. 4. Puerōs sevērē ēducandōs

ēducās indulgenter. 5. Hieme ineunte Caesar legiōnēs in hīberna dēdūcendās² cūrat.

　（註）　1. 行為者を示す与格．cf. §434. 2. cūrō「配慮する」, dō「与える」等一連の動詞と共に用いられて，「……されるべく」を意味する．

§437. 練習問題 92

1. すべての物事[単数で]はそれに相応しい時になさるべきである．2. 私は思う，国家は（もっと）より良い男たちによって運営されるべきであると．3. 人間は皆死なねばならぬ．4. 厳格に教育すべき少女らをあなたがたは甘やかして教育している．5. 娘たちがよく教育されるよう彼は気を配っている．

§438. ［引用句 27］

　　　Omnia tempus habent.（『伝道の書』3, 1）
　　　すべて物事には時がある．

XLVIII　動名詞の代わりに用いられる動形容詞

§439. §429[4]の loca cognōscendī causā「地勢を知るために」では，動名詞が対格の目的語を取っている．このような場合，つまり対格の目的語を動名詞が取る表現の代わりに，対格の目的語を動名詞と同じ格に変形し(動名詞が対格であれば，対格の目的語はそのままで，変形しないことはいうまでもない．cf. §419[註8])，他方動名詞の代わりに動形容詞を用いる方が普通である．その場合，動形容詞を，関係する目的語の性と数において一致させるべきことはいうまでもない．

例　(Scrībit) dē cohibendā īrā「怒りを抑えることについて(彼は書いている)」(dē cohibendō īram の代わりに)

この表現については，いわば直訳的に「抑えられるべき怒りについて」のように考えてみるのもこの表現に慣れる便法としてよいかもしれない．

以下，この表現を動形容詞代用表現と呼ぶ．

§440. loca cognōscendī causā について，もし動形容詞代用表現を適用すれば，locōrum cognōscendōrum causā となるであろうが，適用の結果が -ōrum -ōrum となる場合には，その語調が好まれないためであろうか，この表現は普通適用されない．

§441.

avidus, a, um　熱望している[属格支配]

cohibeō, ēre, uī, itum　制御する

cupiditās, ātis, *f.*　欲望

dēpellō, ere, pulī, pulsum　追い払う

disserō, ere, seruī, sertum　論究する，論述する

fīnis, is, *m.*　～ bonōrum　よいものごとの中の究極のもの

frīgus, goris, *n.*　寒さ

impotens, entis　……の能力のない[属格支配]

indulgeō, ēre, dulsī, dultum　寛大である

inops, opis　欠乏している，語

彙が貧しい
ita このように，そのように
locuplēs, ētis 豊富な
modo ただ，だけ nōn modo... sed etiam... ……のみならず……もまた
onus, oneris, n. 重荷

prīmō 最初に
reperiō, īre, repperī, repertum 発見する，案出する
sentiō, īre, sēnsī, sēnsum 知覚する，考える
vestis, is, f. 衣服
vulgō 一般に

§442. 練習問題93

1. Vestis prīmō frīgoris dēpellendī causā reperta est. 2. Sibi indulgēns suae īrae cohibendae impotēns est. 3. Omnium rērum cognōscendārum avidus est philosophus. (cf. プラトン『国家』474 B～475 C) 4. Vērus philosophus aptus reīpūblicae gerendae est. 5. Bōs est aptus ferendīs oneribus.

§443. 練習問題94

1. 衣服は始め寒さ[複数]を追い払うために案出された．2. 子供(puerī)は欲望を抑えることができない．3. 多くを(multa)知ることを熱望する人，必ずしも(nōn ferē)哲学者ではない．4. 真実の哲学者[複数]が国家[複数]を運営するのに適している．5. 牛は重荷[単数]を運ぶのに適している．

§444. [文例4]

M. TVLLI CICERONIS DE FINIBVS BONORVM ET MALORVM LIBER PRIMVS, 10[1].

Mārcī Tullī Cicerōnis dē fīnibus bonōrum et malōrum liber prīmus, 10.

Ita[2] sentiō et saepe disseruī, Latīnam[3] linguam nōn modo nōn inopem, ut vulgō putārent[4], sed locuplētiōrem etiam esse quam Graecam.

(註) 1.「マールクス・トゥッリウス・キケローの『善と悪の最高のものについて』第1巻第10節」．2.「このように」．Latīnam以下の内容をあらかじめ指し示している．3. cf. §64. 4. 不定詞節(この場合，nōn inopem [esse])に係る副文(この場

合, ut vulgō putārent)では, 直説法(putant)の代わりに接続法が用いられる. 接続法の時称については, §§309〜312を参照.

[訳解] キケロ『善と悪の究極』
　こう私は考えている. またしばしば述べたところでもある. 即ちラテン語は普通考えられているように語彙に乏しいというようなことがないばかりか, ギリシャ語より豊富でさえもある.

XLIX 命令法能動相

§445. 命令法能動相(第一)

	amō	moneō	emō	audiō	capiō
	1.	2.	3.	4.	5.
単2	amā	monē	eme	audī	cape
複2	amāte	monēte	emite	audīte	capite

§446. 命令法能動相(第二)

	1.	2.	3.	4.	5.
単2	amātō	monētō	emitō	audītō	capitō
3	amātō	monētō	emitō	audītō	capitō
複2	amātōte	monētōte	emitōte	audītōte	capitōte
3	amantō	monentō	emuntō	audiuntō	capiuntō

§447. 第三，第五活用は，命令法(第一)の単数がeで終わっている点，複数語尾teの前がiである点に注意．

§448. sumの命令法(第一)はes, esteである．命令法(第二)はestō, estō, estōte, suntōである．

§449.
(1) Valē. お元気で(さようなら)．
(2) Salūs populī suprēma lēx estō. 国民の安全が最高の法たるべし．
命令法(第一)は，直ちに実行さるべき命令を，命令法(第二)は，今直ちに，ではなく，将来にわたって実行さるべき命令を表わす．後者は主に法律などで用いられる．

§450. nōlōの命令法(第一)はnōlī, nōlīteである．

§451.

(1) Nōlī mē tangere.　私にさわるな．

(2) Nē mē tetigeris.

§452. 否定的な命令，すなわち禁止は，nōlī(nōlīte)に不定詞を添えて表わすか，接続法完了にnēを前置して表わす．前者は起源的には丁寧な表現だが，そういうニュアンスなしで用いられる場合もある．後者は次第に用いられなくなった．

§453.

Archimēdēs, is, *m*.　アルキメデス

bibō, ere, bibī　飲む

chimēra, ae, *f*.　妄想(Chimaera[ギリシャ神話の怪獣]から)

corpus, poris, *n*.　物体，身体

dīmoveō, ēre, mōvī, mōtum　立ち退かせる，動かす

exsistō, ere, stitī　出現する，生起する，[中世ラテン語で]存在する

extensiō, ōnis, *f*.　延長，長さ

figūra, ae, *f*.　姿かたち

firmus, a, um　確固たる，確かな

fortassis　おそらくは

gustō, āre, āvī, ātum　味わう

igitur　従って，それでは

immōbilis, e　不動の

inconcussus, a, um　揺るがない

integer, gra, grum　全体の，全部の

magnus, a, um　大きい

meditātiō, ōnis, *f*.　熟考，省察

meminī, isse　覚えている[現在形がなく，完了形が現在の機能を持っている．cf. §147(ロ)]

mendāx, ācis　嘘つきの，当てにならない

mōtus, ūs, *m*.　運動

neque　しかし(そして)……ない

nūllus, a, um　誰(何)も……ない

petō, ere, tīvī, tītum　得ようとする

plānē　明白に，完全に

punctum, ī, *n*.　点

repraesentō, āre, āvī, ātum　提示する

sensus, ūs, *m*.　感覚

suppōnō, ere, posuī, positum 下に置く，[中世ラテン語で]仮定する	vel あるいは，……さえ，少なくとも

§454. 練習問題95

1. Ede, bibe, lūde ; post mortem nūlla voluptās. 2. Nē tetigeritis, neque gustāveritis.(『コロサイ書』2, 21) 3. Mementō[1] morī. 4. Fac[2] officium. 5. Cognōsce tē ipsum.

(註) 1. meminī「覚えている」は，命令法(第二)しかない．2. 末尾に e がない点，不規則．

§455. 練習問題96

1. 食べるな，飲むな．2. 触れ，味わえ．3. 覚えているように[複数]，死ぬのだということを．4. 義務[複数]を為せ[複数]．5. あなたがた自身を知れ．

§456. [文例5]

René Descartes, MEDITATIONES——Secunda[1].

Nihil nisi punctum petēbat Archimēdēs, quod esset[2] firmum et immōbile, ut integram terram locō[3] dīmovēret ; magna quoque spēranda[4] sunt, sī vel minimum quid[5] invēnerō quod certum sit[2] et inconcussum.

Suppōnō igitur omnia quae videō[6] falsa esse ; crēdō nihil unquam exstitisse eōrum[7] quae mendāx memoria repraesentat[6] ; nūllōs plānē habeō sensūs ; corpus, figūra, extensiō, mōtus, locusque sunt chimērae. quid igitur erit vērum？ fortassis hoc ūnum, nihil esse certī[7].

(註) 1.「省察，その2」．2.「(一般的に)……(である，する)ような」の意味合いをもつ関係節では接続法が用いられる．cf. §330[註1]．3.「その場所から」．4. 動形容詞は「……されるべき」の意味のほかに「……されうる」を意味することもある．5. §282 の cui の項の説明および巻末の「語彙」の quis, quid の項の説明を参照．6. 不定詞節に係る副文中であるが，書き手にとっての直接的な事柄であるという気持で直説法が用いられているわけであろう．cf. §444[註4]．7. cf. §§268[註1], 296 [註1]．certī の代わりに certum ということもできる(cf. §192)．

[訳解] デカルト『省察』その二

　地球全体をその場所から動かすためにアルキメデスが求めていたのは確固として不動であるような一点であって，それ以外の何物でもなかった．つまりどんなに小さいものであっても確実で揺るぐことのないような何かをもし私が見いだしたとすれば，大きいものも望みうるのである．

　そこで私は仮定する．現に私が目にしているものはことごとく偽りであると．私は信ずる．記憶は嘘をついているのであって私が思い出しているものはなに一つたりともかつて存しなかったのであると．いかなる感覚もはっきりいって私は実は持っていないのである．物体，形，広がり，動き，場所も妄想なのである．では何が真なるものであろうか．おそらくはこの一つの事，すなわち確実なものは何もないということであろう．

L 能相欠如動詞の命令法．主文における接続法

§457. 能相欠如動詞命令法（第一）

		hortor	vereor	loquor	mentior	morior
		1.	2.	3.	4.	5.
単	2	hortāre	verēre	loquere	mentīre	morere
複	2	hortāminī	verēminī	loquiminī	mentīminī	moriminī

§458. 能相欠如動詞命令法（第二）

		1.	2.	3.	4.	5.
単	2	hortātor	verētor	loquitor	mentītor	moritor
	3	hortātor	verētor	loquitor	mentītor	moritor
複	2	———	———	———	———	———
	3	hortantor	verentor	loquuntor	mentiuntor	moriuntor

§459. 第三，第五活用は，命令法（第一）の単数語尾 re の前が e，複数語尾 minī の前が i である点に注意．

§460. もし命令法受動相があれば，能相欠如動詞のそれのように活用したであろうが，命令法には受動相はない．

§461.
(1) Sīc faciāmus. そのようにしようではないか．
(2) Nē sīc faciāmus. そのようにするのはやめようではないか．

§462. 接続法現在複数一人称は勧奨の意味で用いられる．否定の場合は nē を添える．

§463.
(1) Sīc faciat. 彼はそのようにすべきだ．彼をしてそのようにせしめよ．
(2) Nē sīc faciat. 彼はそのようにすべきでない．彼をしてそのようにせ

しめるな．

§ 464. 接続法現在三人称は，「……すべきだ，……をして……せしめよ」の意味で用いられる．

§ 465.

adulterō, āre, āvī, ātum 姦淫する	eleēmosyna, ae, *f.* 施し
autem［文頭には来ない］ そして	fūror, ārī, ātus sum 盗む
blandior, īrī, ītus sum へつらう	invicem お互いに
	proximus, ī, *m.* 隣人
concupīscō, ere, pīvī, pītum むさぼる	sector, ārī, ātus sum 熱心に従う，追い求める
dexter, t(e)ra, t(e)rum 右の	sicut ……のように
	sinister, tra, trum 左の

§ 466. 練習問題 97

1. Sequere mē. 2. Nē blandītus sīs[1]. 3. Semper, quod bonum est, sectāminī et in invicem[2] et in omnēs.(『テサロニケ前書』5, 15) 4. Tē autem faciente eleēmosynam, nesciat sinistra[3] tua quid faciat dextera[3] tua.(『マタイ伝』6, 3) 5. Dīligēs[4] proximum tuum sicut tē ipsum.(『マタイ伝』19, 19)

　（註）　1. blandior［能相欠如動詞］の接続法完了単数二人称．cf. §§ 451-452. 2. 副詞があたかも名詞のように用いられている．3.「左手」，「右手」．4. 未来形二人称は穏やかな勧告を意味することもできる．

§ 467. 練習問題 98

1. 俺についてくるな．2. へつらうな［複数．男性または女性で］．3. 常に善なることをすべての人に対しても追い求めよ［単数］．4. あなたがたが施しをする時には，あなたがたの右手［複数］がなにをしているか，あなたがたの左手［複数］をして知らしむるなかれ．5. あなたがたの隣り人をあなたがた自身のように愛するように．

§ 468.［引用句 28］

Nōn adulterābis. Nōn occīdēs. Nōn fūrāberis. Nōn concupīscēs. (『ローマ書』13, 9)

姦淫しないように．殺さないように．盗まないように．むさぼらないように．

LI 目的分詞 (supine)

§469. 目的分詞

	amō	moneō	emō	audiō	capiō
	1.	2.	3.	4.	5.
第一形	amātum	monitum	emptum	audītum	captum
第二形	amātū	monitū	emptū	audītū	captū

§470. 目的分詞の第一形は，完了分詞単数男性対格（及び中性主・対格）と同じ形をしている．第二形は，第一形の末尾 -um を -ū に替えたものである（名詞の第四活用の奪格を比較参照）．

§471. 能相欠如動詞の目的分詞

	hortor	vereor	loquor	mentior	morior
	1.	2.	3.	4.	5.
第一形	hortātum	veritum	locūtum	mentītum	mortuum
第二形	hortātū	veritū	locūtū	mentītū	mortuū

§472. 能相欠如動詞の場合も同じ形をしている．

§473.

(1) Lēgātum mīsērunt rogātum auxilium. 援助を乞うために彼らは使者を派遣した．

(2) Spērant id factum īrī. それは行われるだろうと彼らは期待している．

§474. 第一形は目的を表わす．また īrī と組み合わされて不定詞未来受動相[1]を作ることは既に学んだ (cf. §342).

(註) 1. ītur「［人々が］行く」(cf. §363) を，例えば id factum（目的分詞第一形）に接続させれば，id factum ītur「それをするために［人々が］行く（［人々が］それをし

ようとしている）」ということになろう．そしてこれを間接話法でいえば，Dīcit id factum īrī ということになろう．こういう表現において，元来は目的語であった id が，やがて factum īrī の主語として，他方，factum īrī がまとめて不定詞未来受動相として意識されるようになったわけである．

§475. Id est facile dictū. それは言うはやさしい．
§476. 第二形は，形容詞と共に用いられて，「……するには」の意を表わす．

§477.

addō, ere, didī, ditum　加える
adūlātor, ōris, *m.*　おべっか使い
aequālis, e　等しい
aestimō, āre, āvī, ātum　評価する
angulus, ī, *m.*　角，隅
canis, is, canum［複数属格．-ium となっていない点に注意］, *m. f.*　犬
commūnis, e　共通の
conceptiō, ōnis, *f.*　概念，妊娠
concurrō, ere, currī, cursum　走って集まる
congruō, ere, gruī　合致する
cubō, āre, buī, bitum　眠る
dēfīnītiō, ōnis, *f.*　定義
dēmōnstrō, āre, āvī, ātum　証明する
elementum, ī, *n.*　元素，［複数で］(学問上の)原理

ergō　それゆえに，それでは
ērigō, ere, rēxī, rēctum　立てる
etiam　更に
Euclīdēs, is, *m.*　ユークリッド
extrēmum, ī, *n.*　末端
futūrum, ī, *n.*　未来
gallus, ī, *m.*　おんどり
īnfīnītum, ī, *n.*　無限
invītus, a, um　嫌がっている
itaque　その結果として，そこで
lātitūdō, inis, *f.*　広さ，幅
līnea, ae, *f.*　線
longitūdō, inis, *f.*　長さ
neuter, tra, trum　両方とも……ない
parallēlus, a, um　平行の
perniciōsus, a, um　有害な
plānum, ī, *n.*　平面
prōdūcō, ere, dūxī, ductum　延

長する

quārē それ故に，なぜ

quoniam ……であるから

rēctus, a, um 直線の，直角の

reliquum, ī, n. 残り

rūrsus 他方

secō, āre, secuī, sectum 切る

similiter 同様に

stultitia, ae, f. 愚鈍，愚か

subtrahō, ere, trāxī, tractum

取り去る

super ……の上へ[対格支配]

uterque, utraque, utrumque[queの前の部分が活用する．cf. īdem. 属格 utrīusque, 与格 utrīque と代名詞のように活用する] 二つのうちのどちらも

vēnor, ārī, ātus sum 狩りをする

vertex, ticis, m. 頂点

§478. 練習問題 99

1. Fēminae spectātum veniunt ; veniunt spectentur[1] ut ipsae.（オウィディウス『恋の技術』1, 99）2. Gallī cum sōle eunt cubitum.（プリニウス『博物誌』10, 46）3. Stultitia est vēnātum dūcere invītās canēs.（プラウトゥス『スティクス[人名]』139）4. Quid difficilius est cognitū quam futūra？ 5. Adūlātor jūcunda audītū sed rē[2] perniciōsa dīcit.

（註） 1. ut の後にあるのが普通の語順．2.「実際は」．rēs の単数奪格．「……の点で」を示す奪格．

§479. 練習問題 100

1. 彼女は観に来る．[また]自分が観られるために来る．2. おんどり[単数]は太陽とともに，眠りに就く．3. 彼は嫌がる犬を狩りに連れて行った．4. 我々の未来より知りがたいものはない．5. おべっか使い[複数]は聞いていると快いことを，しかし実際は有害なことを言っているのだ．

§480. [引用句 29]

Nōn maximī[1] quidem[2] aestimandum[3] est vīvere[4], sed bene vīvere.（プラトン『クリトン』48 B．ステパノス版のラテン語訳による．esse を est に代えてある）

一番大切なこととして考えなければならないのは，決してただ生きるということではなくて，善く生きるということである．

（解説）　1. maximī aestimō「最大のものと評価する」．maximī は価格を表わす属格．2. nōn ... quidem「決して……ない」．後代のラテン語では nōn が nē の代わりに用いられる傾向がある．3. cf. §433．4. cf. §140[註3]．

§481. [文例6]

EVCLIDIS ELEMENTORVM LIBER PRIMVS[1].

Euclīdis elementōrum liber prīmus.

Dēfīnītiōnēs.

I. Punctum est, cuius[2] pars nūlla est.

II. Līnea autem sine lātitūdine longitūdō.

III. Līneae autem extrēma puncta.

[中略]

XXIII. Parallēlae sunt līneae, quae in eōdem plānō positae et in utramque partem prōductae in infīnītum in neutrā parte concurrunt.

Commūnēs animī conceptiōnēs[3]

I. Quae eīdem aequālia sunt, etiam inter sē aequālia sunt.

II. Et, sī aequālibus aequālia adduntur, tōta aequālia sunt.

III. Et, sī ab aequālibus aequālia subtrahuntur, reliqua sunt aequālia.

VII. Et quae inter sē congruunt, aequālia sunt.

VIII. Et tōtum parte maius[4] est.

XV[5].

Sī duae rēctae inter sē secant, angulōs ad verticem positōs inter sē aequālēs efficiunt.

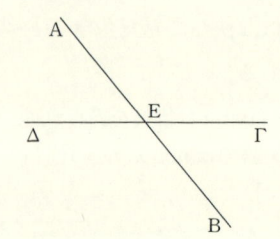

Nam duae rēctae AB, ΓΔ inter sē secent in punctō E. dīcō, esse ∠AEΓ=ΔEB et ∠ΓEB=AEΔ.

nam quoniam rēcta AE super rēctam ΓΔ ērēcta est angulōs efficiens ΓEA, AEΔ, angulī ΓEA, AEΔ duōbus rēctīs aequālēs sunt. rūrsus quoniam rēcta ΔE super rēctam AB ērēcta est angulōs efficiens AEΔ, ΔEB, angulī AEΔ, ΔEB duōbus rēctīs aequālēs sunt sed dēmonstrātum est, etiam angulōs ΓEA, AEΔ duōbus rēctīs aequālēs esse. quārē ΓEA+AEΔ=AEΔ+ΔEB. subtrahātur, quī commūnis est, ∠AEΔ. itaque ΓEA=BEΔ. similiter dēmonstrābimus, esse etiam ∠ΓEB=ΔEA.

Ergō sī duae rēctae inter sē secant, angulōs ad verticem positōs inter sē aequālēs efficiunt; quod[6] erat dēmonstrandum[7].

(註) 1.「エウクリーデース(ユークリッド)の『(幾何学)原理』第1巻」(I. L. Heibergによるラテン語訳). 2. cf. §355. 3.「公理」(ちなみに, IVからVIまでは訳されていない). 4. cf. §2. このラテン語訳ではjは使われていないわけである. 註2を付したcuiusも参照. 更に§5も参照. 5.「定理15」. 6. cf. §356. 7. cf. "Q. E. D."

[訳解] ユークリッド『幾何学原理』第1巻

定義

I. 点とはその部分というものが全くないものである.
II. そして線とは幅のない長さである.
III. そして線の末端は点である.
　　[中略]
XXIII. 平行線とは同一平面上にあり両方の側で無限に延長してもどちらの側でも交差することのない線である.

公理［魂の共通観念］

Ⅰ．同じもの[A]に等しいもの[B, C]は互い[B, C]にも等しい．
Ⅱ．また，等しいもの[B, C]に等しいもの[A]を加えるならば全体[B＋A と C＋A]は等しい．
Ⅲ．また，等しいもの[B, C]から等しいもの[A]を差し引くならば残り[B－A と C－A]は等しい．
Ⅶ．また互いに合同するところのものは等しい．
Ⅷ．また全体は部分より大きい．

定理 15

　もし二つの直線がお互いを切るならば，頂点のところに位置する角［対頂角］はお互いに等しくなる．

　すなわち二つの直線 AB, ΓΔ が点 E でお互いに切るとせよ．私の言っていることは ∠AEΓ＝ΔEB かつ ∠ΓEB＝AEΔ ということである．

　なぜなら直線 ΓΔ の上に立てられている直線 AE は角 ΓEA, AEΔ を作っているのであるから，角 ΓEA, AEΔ は二直角に等しい．他方直線 AB の上に立てられている直線 ΔE は角 AEΔ, ΔEB を作っているのであるから，角 AEΔ, ΔEB は二直角に等しい．しかるに角 ΓEA, AEΔ も二直角に等しいことは証明されている．それゆえに ΓEA＋AEΔ＝AEΔ＋ΔEB である．共通であるところの ∠AEΔ を差し引いてみよ．かくして ΓEA＝BEΔ ということになる．同じようにして ∠ΓEB＝ΔEA も我々は証明するであろう．

　従って，もし二つの直線がお互いを切るならば，頂点のところに位置する角［対頂角］はお互いに等しくなる．しかしてこれが証明されるべきことであった．

活　用　表

Ⅰ　名詞の活用

Ⅱ　形容詞の活用

Ⅲ　代名詞の活用

Ⅳ　数　　詞

Ⅴ　動詞の活用

I 名詞の活用

§482. 第一活用

puella, *f.* 少女

単	主・呼	puella	複	主・呼	puellae
	属	puellae		属	puellārum
	与	puellae		与	puellīs
	対	puellam		対	puellās
	奪	puellā		奪	puellīs

§483. 第二活用(1)

dominus, *m.* 主人　　verbum, *n.* 言葉

単	主	dominus	verbum
	属	dominī	verbī
	与	dominō	verbō
	対	dominum	verbum
	奪	dominō	verbō
	呼	domine	verbum
複	主・呼	dominī	verba
	属	dominōrum	verbōrum
	与	dominīs	verbīs
	対	dominōs	verba
	奪	dominīs	verbīs

§484. -er(又は -ir)に終わる第二活用(2)

puer, *m.* 少年　　ager, *m.* 耕地　　vir, *m.* 男

単	主・呼	puer	ager	vir
	属	puerī	agrī	virī
	与	puerō	agrō	virō

対	puerum	agrum	virum	
奪	puerō	agrō	virō	
複 主・呼	puerī	agrī	virī	
属	puerōrum	agrōrum	virōrum	
与	puerīs	agrīs	virīs	
対	puerōs	agrōs	virōs	
奪	puerīs	agrīs	virīs	

§485. 第三活用(1)——i 音幹名詞

	collis, *m*. 岡	vulpēs, *f*. 狐	animal, *n*. 動物	mare, *n*. 海
単 主・呼	collis	vulpēs	animal	mare
属	collis	vulpis	animālis	maris
与	collī	vulpī	animālī	marī
対	collem	vulpem	animal	mare
奪	colle	vulpe	animālī	marī
複 主・呼	collēs	vulpēs	animālia	maria
属	collium	vulpium	animālium	marium
与	collibus	vulpibus	animālibus	maribus
対	collēs, īs	vulpēs, īs	animālia	maria
奪	collibus	vulpibus	animālibus	maribus

§486. 第三活用(2)——黙音幹名詞

	prīnceps, *m*. 第一人者	jūdex, *m.f*. 審判者	rēx, *m*. 王
単 主・呼	prīnceps	jūdex	rēx
属	prīncipis	jūdicis	rēgis
与	prīncipī	jūdicī	rēgī
対	prīncipem	jūdicem	rēgem
奪	prīncipe	jūdice	rēge
複 主・呼	prīncipēs	jūdicēs	rēgēs
属	prīncipum	jūdicum	rēgum

I 名詞の活用

与	prīncipibus	jūdicibus	rēgibus
対	prīncipēs	jūdicēs	rēgēs
奪	prīncipibus	jūdicibus	rēgibus

		nepōs *m.* 孫	pēs, *m.* 足	caput, *n.* 頭
単	主・呼	nepōs	pēs	caput
	属	nepōtis	pedis	capitis
	与	nepōtī	pedī	capitī
	対	nepōtem	pedem	caput
	奪	nepōte	pede	capite
複	主・呼	nepōtēs	pedēs	capita
	属	nepōtum	pedum	capitum
	与	nepōtibus	pedibus	capitibus
	対	nepōtēs	pedēs	capita
	奪	nepōtibus	pedibus	capitibus

§487. 第三活用(3)——混合幹名詞

mons, *m.* 山

単	主・呼	mons	複	主・呼	montēs
	属	montis		属	montium
	与	montī		与	montibus
	対	montem		対	montēs, īs
	奪	monte		奪	montibus

§488. 第三活用(4)——流音幹名詞

		victor, *m.* 勝利者	consul, *m.* 執政官	nātiō, *f.* 国民
単	主・呼	victor	consul	nātiō
	属	victōris	consulis	nātiōnis
	与	victōrī	consulī	nātiōnī
	対	victōrem	consulem	nātiōnem
	奪	victōre	consule	nātiōne

複	主・呼	victōrēs	consulēs	nātiōnēs
	属	victōrum	consulum	nātiōnum
	与	victōribus	consulibus	nātiōnibus
	対	victōrēs	consulēs	nātiōnēs
	奪	victōribus	consulibus	nātiōnibus

§ 489. 第三活用(5)—— s音幹名詞

		flōs, *m.* 花	corpus, *n.* 物体, 身体
単	主・呼	flōs	corpus
	属	flōris	corporis
	与	flōrī	corporī
	対	flōrem	corpus
	奪	flōre	corpore
複	主・呼	flōrēs	corpora
	属	flōrum	corporum
	与	flōribus	corporibus
	対	flōrēs	corpora
	奪	flōribus	corporibus

§ 490. 第四活用

		frūctus, *m.* 果実	cornū, *n.* 角(つの)
単	主・呼	frūctus	cornū
	属	frūctūs	cornūs
	与	frūctuī, ū	cornū
	対	frūctum	cornū
	奪	frūctū	cornū
複	主・呼	frūctūs	cornua
	属	frūctuum	cornuum
	与	frūctibus	cornibus
	対	frūctūs	cornua

奪	frūctibus	cornibus

§491. 第五活用

		rēs, *f.* もの	diēs, *m.* 日
単	主・呼	rēs	diēs
	属	reī	diēī
	与	reī	diēī
	対	rem	diem
	奪	rē	diē
複	主・呼	rēs	diēs
	属	rērum	diērum
	与	rēbus	diēbus
	対	rēs	diēs
	奪	rēbus	diēbus

II 形容詞の活用

§492. 第一，第二活用(1)

bonus よい

		男性	女性	中性
単	主	bonus	bona	bonum
	属	bonī	bonae	bonī
	与	bonō	bonae	bonō
	対	bonum	bonam	bonum
	奪	bonō	bonā	bonō
	呼	bone	bona	bonum
複	主・呼	bonī	bonae	bona
	属	bonōrum	bonārum	bonōrum
	与	bonīs	bonīs	bonīs
	対	bonōs	bonās	bona
	奪	bonīs	bonīs	bonīs

§493. 第一，第二活用(2)

līber 自由な

		男性	女性	中性
単	主・呼	līber	lībera	līberum
	属	līberī	līberae	līberī
	与	līberō	līberae	līberō
	対	līberum	līberam	līberum
	奪	līberō	līberā	līberō
複	主・呼	līberī	līberae	lībera
	属	līberōrum	līberārum	līberōrum
	与	līberīs	līberīs	līberīs

II 形容詞の活用

	対	līberōs	līberās	lībera
	奪	līberīs	līberīs	līberīs

§494. 第一，第二活用(2)

niger 黒い

		男性	女性	中性
単	主・呼	niger	nigra	nigrum
	属	nigrī	nigrae	nigrī
	与	nigrō	nigrae	nigrō
	対	nigrum	nigram	nigrum
	奪	nigrō	nigrā	nigrō
複	主・呼	nigrī	nigrae	nigra
	属	nigrōrum	nigrārum	nigrōrum
	与	nigrīs	nigrīs	nigrīs
	対	nigrōs	nigrās	nigra
	奪	nigrīs	nigrīs	nigrīs

§495. 第三活用(1) —— i 音幹形容詞

		omnis すべての		ācer 鋭い		
		男・女性	中性	男性	女性	中性
単	主・呼	omnis	omne	ācer	ācris	ācre
	属	omnis	omnis	ācris	ācris	ācris
	与	omnī	omnī	ācrī	ācrī	ācrī
	対	omnem	omne	ācrem	ācrem	ācre
	奪	omnī	omnī	ācrī	ācrī	ācrī
複	主・呼	omnēs	omnia	ācrēs	ācrēs	ācria
	属	omnium	omnium	ācrium	ācrium	ācrium
	与	omnibus	omnibus	ācribus	ācribus	ācribus
	対	omnēs, īs	omnia	ācrēs, īs	ācrēs, īs	ācria
	奪	omnibus	omnibus	ācribus	ācribus	ācribus

§496. 第三活用(2)──混合幹形容詞

		fēlīx 幸福な		prūdens 思慮深い	
		男・女性	中性	男・女性	中性
単	主・呼	fēlīx	fēlīx	prūdens	prūdens
	属	fēlīcis	fēlīcis	prūdentis	prūdentis
	与	fēlīcī	fēlīcī	prūdentī	prūdentī
	対	fēlīcem	fēlīx	prūdentem	prūdens
	奪	fēlīcī, e	fēlīcī, e	prūdentī, e	prūdentī, e
複	主・呼	fēlīcēs	fēlicia	prūdentēs	prūdentia
	属	fēlīcium	fēlīcium	prūdentium	prūdentium
	与	fēlīcibus	fēlīcibus	prūdentibus	prūdentibus
	対	fēlīcēs, īs	fēlicia	prūdentēs, īs	prūdentia
	奪	fēlīcibus	fēlīcibus	prūdentibus	prūdentibus

§497. 第三活用(2)──子音幹形容詞

vetus 古い

		男・女性	中性		男・女性	中性
単	主・呼	vetus	vetus	複	veterēs	vetera
	属	veteris	veteris		veterum	veterum
	与	veterī	veterī		veteribus	veteribus
	対	veterem	vetus		veterēs	vetera
	奪	vetere	vetere		veteribus	veteribus

§498. 形容詞の比較級の活用

brevior より短い

		男・女性	中性		男・女性	中性
単	主・呼	brevior	brevius	複	breviōrēs	breviōra
	属	breviōris	breviōris		breviōrum	breviōrum
	与	breviōrī	breviōrī		breviōribus	breviōribus

II 形容詞の活用

	男・女性	中性	男・女性	中性
対	breviōrem	brevius	breviōrēs	breviōra
奪	breviōre, ī	breviōre, ī	breviōribus	breviōribus

§499.

plūs　より多い

		男・女性	中性		男・女性	中性
単	主・呼	——	plūs	複	plūrēs	plūra
	属	——	plūris		plūrium	plūrium
	与	——	——		plūribus	plūribus
	対	——	plūs		plūrēs	plūra
	奪	——	——		plūribus	plūribus

III 代名詞の活用

§500. 指示代名詞

hic これ, iste それ, ille あれ

	男性	女性	中性		男性	女性	中性
単 主	hic	haec	hoc	複	hī	hae	haec
属	hujus	hujus	hujus		hōrum	hārum	hōrum
与	huic	huic	huic		hīs	hīs	hīs
対	hunc	hanc	hoc		hōs	hās	haec
奪	hōc	hāc	hōc		hīs	hīs	hīs
単 主	iste	ista	istud	複	istī	istae	ista
属	istīus	istīus	istīus		istōrum	istārum	istōrum
与	istī	istī	istī		istīs	istīs	istīs
対	istum	istam	istud		istōs	istās	ista
奪	istō	istā	istō		istīs	istīs	istīs
単 主	ille	illa	illud	複	illī	illae	illa
属	illīus	illīus	illīus		illōrum	illārum	illōrum
与	illī	illī	illī		illīs	illīs	illīs
対	illum	illam	illud		illōs	illās	illa
奪	illō	illā	illō		illīs	illīs	illīs

§501. 限定代名詞

is それ

	男性	女性	中性		男性	女性	中性
単 主	is	ea	id	複	eī, iī, ī	eae	ea
属	ejus	ejus	ejus		eōrum	eārum	eōrum

III 代名詞の活用

与	ei	ei	ei	eīs, iīs īs	eīs, iīs, īs	eīs iīs, īs
対	eum	eam	id	eōs	eās	ea
奪	eō	eā	eō	eīs, iīs, īs	eīs, iīs, īs	eīs, iīs, īs

§502.

īdem 同じ

		男性	女性	中性
単	主	īdem	eadem	idem
	属	ejusdem	ejusdem	ejusdem
	与	eidem	eidem	eidem
	対	eundem	eandem	idem
	奪	eōdem	eādem	eōdem
複	主	eīdem, iīdem, īdem	eaedem	eadem
	属	eōrundem	eārundem	eōrundem
	与	eīsdem, iīsdem, īsdem	eīsdem, iīsdem, īsdem	eīsdem, iīsdem, īsdem
	対	eōsdem	eāsdem	eadem
	奪	eīsdem, iīsdem, īsdem	eīsdem, iīsdem, īsdem	eīsdem, iīsdem, īsdem

§503. 強意代名詞

ipse 自身

		男性	女性	中性		男性	女性	中性
単	主	ipse	ipsa	ipsum	複	ipsī	ipsae	ipsa
	属	ipsīus	ipsīus	ipsīus		ipsōrum	ipsārum	ipsōrum
	与	ipsī	ipsī	ipsī		ipsīs	ipsīs	ipsīs
	対	ipsum	ipsam	ipsum		ipsōs	ipsās	ipsa
	奪	ipsō	ipsā	ipsō		ipsīs	ipsīs	ipsīs

§504. 疑問代名詞

quis(quī), quis(quae), quid(quod)　誰, 何

	男性	女性	中性
単 主	quis(quī)	quis(quae)	quid(quod)
属	cujus	cujus	cujus
与	cui	cui	cui
対	quem	quem(quam)	quid(quod)
奪	quō	quō(quā)	quō
複 主	quī	quae	quae
属	quōrum	quārum	quōrum
与	quibus	quibus	quibus
対	quōs	quās	quae
奪	quibus	quibus	quibus

§505. 不定代名詞

aliquis(aliquī), aliquis(aliqua), aliquid(aliquod)　ある人, ある物

	男性	女性	中性
単 主	aliquis(aliquī)	aliquis(aliqua)	aliquid(aliquod)
属	alicujus	alicujus	alicujus
与	alicui	alicui	alicui
対	aliquem	aliquem(aliquam)	aliquid(aliquod)
奪	aliquō	aliquō(aliquā)	aliquō
複 主	aliquī	aliquae	aliqua
属	aliquōrum	aliquārum	aliquōrum
与	aliquibus	aliquibus	aliquibus
対	aliquōs	aliquās	aliqua
奪	aliquibus	aliquibus	aliquibus

§506. 関係代名詞

quī, quae, quod　……するところの人(物)

III 代名詞の活用

	男性	女性	中性		男性	女性	中性
単 主	quī	quae	quod	複	quī	quae	quae
属	cujus	cujus	cujus		quōrum	quārum	quōrum
与	cui	cui	cui		quibus	quibus	quibus
対	quem	quam	quod		quōs	quās	quae
奪	quō	quā	quō		quibus	quibus	quibus

§507. 人称代名詞

　　　　ego 私, tū あなた, suī 彼(彼女, それ)自身の

単	主	ego	tū	——
	属	meī	tuī	suī
	与	mihi	tibi	sibi
	対	mē	tē	sē
	奪	mē	tē	sē
複	主	nōs	vōs	——
	属	nostrī, nostrum	vestrī, vestrum	suī
	与	nōbīs	vōbīs	sibi
	対	nōs	vōs	sē
	奪	nōbīs	vōbīs	sē

IV 数　　詞

§ 508.

		基数詞	序数詞
1	I	ūnus, ūna, ūnum	prīmus, a, um
2	II	duo, duae, duo	secundus
3	III	trēs, tria	tertius
4	IV	quattuor	quārtus
5	V	quīnque	quīntus
6	VI	sex	sextus
7	VII	septem	septimus
8	VIII	octō	octāvus
9	IX	novem	nōnus
10	X	decem	decimus
11	XI	ūndecim	ūndecimus
12	XII	duodecim	duodecimus
13	XIII	tredecim	tertius decimus
14	XIV	quattuordecim	quārtus decimus
15	XV	quīndecim	quīntus decimus
16	XVI	sēdecim	sextus decimus
17	XVII	septendecim	septimus decimus
18	XVIII	duodēvīgintī	duodēvīcēsimus
19	XIX	ūndēvīgintī	ūndēvīcēsimus
20	XX	vīgintī	vīcēsimus
21	XXI	vīgintī ūnus	vīcēsimus prīmus
22	XXII	vīgintī duo	vīcēsimus secundus
23	XXIII	vīgintī trēs	vīcēsimus tertius

IV 数詞

24	XXIV	vīgintī quattuor	vīcēsimus quārtus
25	XXV	vīgintī quīnque	vīcēsimus quīntus
26	XXVI	vīgintī sex	vīcēsimus sextus
27	XXVII	vīgintī septem	vīcēsimus septimus
28	XXVIII	duodētrīgintā	duodētrīcēsimus
29	XXIX	ūndētrīgintā	ūndētrīcēsimus
30	XXX	trīgintā	trīcēsimus
40	XL	quadrāgintā	quadrāgēsimus
50	L	quīnquāgintā	quīnquāgēsimus
60	LX	sexāgintā	sexāgēsimus
70	LXX	septuāgintā	septuāgēsimus
80	LXXX	octōgintā	octōgēsimus
90	XC	nōnāgintā	nōnāgēsimus
100	C	centum	centēsimus
101	CI	centum (et) ūnus	centēsimus prīmus
115	CXV	centum (et) quīndecim	centēsimus quīntus decimus
120	CXX	centum (et) vīgintī	centēsimus vīcēsimus
121	CXXI	centum vīgintī ūnus	centēsimus vīcēsimus prīmus
200	CC	ducentī, ae, a	ducentēsimus
300	CCC	trecentī	trecentēsimus
400	CCCC	quadringentī	quadringentēsimus
500	D	quīngentī	quīngentēsimus
600	DC	sescentī	sescentēsimus
700	DCC	septingentī	septingentēsimus
800	DCCC	octingentī	octingentēsimus
900	DCCCC	nōngentī	nōngentēsimus

1000	M	mīlle	mīllēsimus
1001	MI	mīlle et ūnus	mīllēsimus prīmus
1101	MCI	mīlle centum ūnus	mīllēsimus centēsimus prīmus
1120	MCXX	mīlle centum vīgintī	mīllēsimus centēsimus vīcēsimus
1121	MCXXI	mīlle centum vīgintī ūnus	mīllēsimus centēsimus vīcēsimus prīmus
1200	MCC	mīlle ducentī	mīllēsimus ducentēsimus
2000	MM	duo mīlia	bis mīllēsimus
2222		duo mīlia ducentī vīgintī duo	bis mīllēsimus ducentēsimus vīcēsimus secundus
5000		quīnque mīlia	quīnquiēs mīllēsimus
10000		decem mīlia	deciēs mīllēsimus
21000		ūnum et vīgintī mīlia	semel et vīciēs mīllēsimus
100000		centum mīlia	centiēs mīllēsimus

	配分数詞	数副詞
1	singulī, ae, a	semel
2	bīnī	bis
3	ternī, trīnī	ter
4	quaternī	quater
5	quīnī	quīnquiēs (ens, 以下同様に ēs に対して ens という形もある)
6	sēnī	sexiēs
7	septēnī	septiēs
8	octōnī	octiēs

IV 数　　詞

9	novēnī	noviēs
10	dēnī	deciēs
11	ūndēnī	ūndeciēs
12	duodēnī	duodeciēs
13	ternī dēnī	ter deciēs, tredeciēs
14	quaternī dēnī	quater deciēs, quattuordeciēs
15	quīnī dēnī	quīnquiēs deciēs, quīndeciēs
16	sēnī dēnī	sexiēs deciēs, sēdeciēs
17	septēnī dēnī	septiēs deciēs, septendeciēs
18	octōnī dēnī, duodēvīcēnī	octiēs deciēs, duodēvīciēs
19	novēnī dēnī, ūndēvīcēnī	noviēs deciēs, ūndēvīciēs
20	vīcēnī	vīciēs
21	vīcēnī singulī	semel et vīciēs, vīciēs et semel, vīciēs semel
22	vīcēnī bīnī	bis et vīciēs, vīciēs et bis, vīciēs bis
28	duodētrīcēnī	duodētrīciēs
29	ūndētrīcēnī	ūndētrīciēs
30	trīcēnī	trīciēs
40	quadrāgēnī	quadrāgiēs
50	quīnquāgēnī	quīnquāgiēs
60	sexāgēnī	sexāgiēs
70	septuāgēnī	septuāgiēs
80	octōgēnī	octōgiēs
90	nōnāgēnī	nōnāgiēs
100	centēnī	centiēs
102	centēnī bīnī	centiēs bis
125	centēnī vīcēnī quīnī	centiēs vīciēs quīnquiēs

200	ducēnī	ducentiēs
300	trecēnī	trecentiēs
400	quadringēnī	quadringentiēs
500	quīngēnī	quīngentiēs
600	sexcēnī, sescēnī	sexcentiēs, sescentiēs
700	septingēnī	septingentiēs
800	octingēnī	octingentiēs
900	nōngēnī	nōngentiēs
1000	singula mīlia	mīlliēs
2000	bīna mīlia	bis mīlliēs
3000	terna mīlia	ter mīlliēs
10000	dēna mīlia	deciēs mīlliēs
100000	centēna mīlia	centiēs mīlliēs

§ 509. 基数詞 1〜3 の活用

	男性	女性	中性	男性	女性	中性
主	ūnus	ūna	ūnum	duo	duae	duo
属	ūnīus	ūnīus	ūnīus	duōrum	duārum	duōrum
与	ūnī	ūnī	ūnī	duōbus	duābus	duōbus
対	ūnum	ūnam	ūnum	duōs, duo	duās	duo
奪	ūnō	ūnā	ūnō	duōbus	duābus	duōbus

	男・女性	中性
主	trēs	tria
属	trium	trium
与	tribus	tribus
対	trēs, trīs	tria
奪	tribus	tribus

V 動詞の活用

直説法能動相

§510. 現　在

	1.	2.	3.	4.	5.
単 1	amō	moneō	emō	audiō	capiō
2	amās	monēs	emis	audīs	capis
3	amat	monet	emit	audit	capit
複 1	amāmus	monēmus	emimus	audīmus	capimus
2	amātis	monētis	emitis	audītis	capitis
3	amant	monent	emunt	audiunt	capiunt

§511. 未完了過去

	1.	2.	3.	4.	5.
単 1	amābam	monēbam	emēbam	audiēbam	capiēbam
2	amābās	monēbās	emēbās	audiēbās	capiēbās
3	amābat	monēbat	emēbat	audiēbat	capiēbat
複 1	amābāmus	monēbāmus	emēbāmus	audiēbāmus	capiēbāmus
2	amābātis	monēbātis	emēbātis	audiēbātis	capiēbātis
3	amābant	monēbant	emēbant	audiēbant	capiēbant

§512. 未　来

	1.	2.	3.	4.	5.
単 1	amābō	monēbō	emam	audiam	capiam
2	amābis	monēbis	emēs	audiēs	capiēs
3	amābit	monēbit	emet	audiet	capiet

		1.	2.	3.	4.	5.
複	1	amābimus	monēbimus	emēmus	audiēmus	capiēmus
	2	amābitis	monēbitis	emētis	audiētis	capiētis
	3	amābunt	monēbunt	ement	audient	capient

§513. 完了

		1.	2.	3.
単	1	amāvī	monuī	ēmī
	2	amā(vi)stī	monuistī	ēmistī
	3	amāvit	monuit	ēmit
複	1	amāvimus	monuimus	ēmimus
	2	amā(vi)stis	monuistis	ēmistis
	3	amā(vē)runt	monuērunt	ēmērunt

		4.	5.
単	1	audīvī, iī	cēpī
	2	audī(vi)stī	cēpistī
	3	audīvit, iit	cēpit
複	1	audīvimus, iimus	cēpimus
	2	audī(vi)stis	cēpistis
	3	audīvērunt, iērunt	cēpērunt

§514. 過去完了

		1.	2.	3.
単	1	amā(ve)ram	monueram	ēmeram
	2	amā(ve)rās	monuerās	ēmerās
	3	amā(ve)rat	monuerat	ēmerat
複	1	amā(ve)rāmus	monuerāmus	ēmerāmus
	2	amā(ve)rātis	monuerātis	ēmerātis
	3	amā(ve)rant	monuerant	ēmerant

		4.	5.
単	1	audīveram, ieram	cēperam
	2	audīverās, ierās	cēperās
	3	audīverat, ierat	cēperat
複	1	audīverāmus, ierāmus	cēperāmus
	2	audīverātis, ierātis	cēperātis
	3	audīverant, ierant	cēperant

§515. 未来完了

		1.	2.	3.
単	1	amā(ve)rō	monuerō	ēmerō
	2	amā(ve)ris	monueris	ēmeris
	3	amā(ve)rit	monuerit	ēmerit
複	1	amā(ve)rimus	monuerimus	ēmerimus
	2	amā(ve)ritis	monueritis	ēmeritis
	3	amā(ve)rint	monuerint	ēmerint

		4.	5.
単	1	audīverō, ierō	cēperō
	2	audīveris, ieris	cēperis
	3	audīverit, ierit	cēperit
複	1	audīverimus, ierimus	cēperimus
	2	audīveritis, ieritis	cēperitis
	3	audīverint, ierint	cēperint

直説法受動相

§516. 現　在

		1.	2.	3.
単	1	amor	moneor	emor

		2.	3.	
	2	amāris, re	monēris, re	emeris, re
	3	amātur	monētur	emitur
複	1	amāmur	monēmur	emimur
	2	amāminī	monēminī	emiminī
	3	amantur	monentur	emuntur
		4.	5.	
単	1	audior	capior	
	2	audīris, re	caperis, re	
	3	audītur	capitur	
複	1	audīmur	capimur	
	2	audīminī	capiminī	
	3	audiuntur	capiuntur	

§517. 未完了過去

		1.	2.	3.
単	1	amābar	monēbar	emēbar
	2	amābāris, re	monēbāris, re	emēbāris, re
	3	amābātur	monēbātur	emēbātur
複	1	amābāmur	monēbāmur	emēbāmur
	2	amābāminī	monēbāminī	emēbāminī
	3	amābantur	monēbantur	emēbantur
		4.	5.	
単	1	audiēbar	capiēbar	
	2	audiēbāris, re	capiēbāris, re	
	3	audiēbātur	capiēbātur	
複	1	audiēbāmur	capiēbāmur	
	2	audiēbāminī	capiēbāminī	
	3	audiēbantur	capiēbantur	

§518. 未　　来

	1.	2.	3.
単 1	amābor	monēbor	emar
2	amāberis, re	monēberis, re	emēris, re
3	amābitur	monēbitur	emētur
複 1	amābimur	monēbimur	emēmur
2	amābiminī	monēbiminī	emēminī
3	amābuntur	monēbuntur	ementur

	4.	5.
単 1	audiar	capiar
2	audiēris, re	capiēris, re
3	audiētur	capiētur
複 1	audiēmur	capiēmur
2	audiēminī	capiēminī
3	audientur	capientur

§519.

	完　　了		過去完了	
単 1	amātus, a, um	sum	amātus, a, um	eram
2		es		erās
3		est		erat
複 1	amātī, ae, a	sumus	amātī, ae, a	erāmus
2		estis		erātis
3		sunt		erant

未来完了

単 1	amātus, a, um	erō
2		eris
3		erit

複 1　amātī, ae, a　erimus
　 2　　　　　　　　eritis
　 3　　　　　　　　erunt

接続法能動相

§520. 現在

	1.	2.	3.	4.	5.
単 1	amem	moneam	emam	audiam	capiam
2	amēs	moneās	emās	audiās	capiās
3	amet	moneat	emat	audiat	capiat
複 1	amēmus	moneāmus	emāmus	audiāmus	capiāmus
2	amētis	moneātis	emātis	audiātis	capiātis
3	ament	moneant	emant	audiant	capiant

§521. 未完了過去

	1.	2.	3.	4.	5.
単 1	amārem	monērem	emerem	audīrem	caperem
2	amārēs	monērēs	emerēs	audīrēs	caperēs
3	amāret	monēret	emeret	audīret	caperet
複 1	amārēmus	monērēmus	emerēmus	audīrēmus	caperēmus
2	amārētis	monērētis	emerētis	audīrētis	caperētis
3	amārent	monērent	emerent	audīrent	caperent

§522. 完了

	1.	2.	3.
単 1	amā(ve)rim	monuerim	ēmerim
2	amā(ve)ris	monueris	ēmeris
3	amā(ve)rit	monuerit	ēmerit

複	1	amā(ve)rimus	monuerimus	ēmerimus
	2	amā(ve)ritis	monueritis	ēmeritis
	3	amā(ve)rint	monuerint	ēmerint

		4.	5.
単	1	audīverim, ierim	cēperim
	2	audīveris, ieris	cēperis
	3	audīverit, ierit	cēperit
複	1	audīverimus, ierimus	cēperimus
	2	audīveritis, ieritis	cēperitis
	3	audīverint, ierint	cēperint

§ 523. 過去完了

		1.	2.	3.
単	1	amā(vi)ssem	monuissem	ēmissem
	2	amā(vi)ssēs	monuissēs	ēmissēs
	3	amā(vi)sset	monuisset	ēmisset
複	1	amā(vi)ssēmus	monuissēmus	ēmissēmus
	2	amā(vi)ssētis	monuissētis	ēmissētis
	3	amā(vi)ssent	monuissent	ēmissent

		4.	5.
単	1	audī(vi)ssem	cēpissem
	2	audī(vi)ssēs	cēpissēs
	3	audī(vi)sset	cēpisset
複	1	audī(vi)ssēmus	cēpissēmus
	2	audī(vi)ssētis	cēpissētis
	3	audī(vi)ssent	cēpissent

接続法受動相

§524. 現在

		1.	2.	3.
単	1	amer	monear	emar
	2	amēris, re	moneāris, re	emāris, re
	3	amētur	moneātur	emātur
複	1	amēmur	moneāmur	emāmur
	2	amēminī	moneāminī	emāminī
	3	amentur	moneantur	emantur

		4.	5.
単	1	audiar	capiar
	2	audiāris, re	capiāris, re
	3	audiātur	capiātur
複	1	audiāmur	capiāmur
	2	audiāminī	capiāminī
	3	audiantur	capiantur

§525. 未完了過去

		1.	2.	3.
単	1	amārer	monērer	emerer
	2	amārēris, re	monērēris, re	emerēris, re
	3	amārētur	monērētur	emerētur
複	1	amārēmur	monērēmur	emerēmur
	2	amārēminī	monērēminī	emerēminī
	3	amārentur	monērentur	emerentur

		4.	5.
単	1	audīrer	caperer
	2	audīrēris, re	caperēris, re
	3	audīrētur	caperētur

V 動詞の活用　　　　　　　　171

複 1	audīrēmur	caperēmur	
2	audīrēminī	caperēminī	
3	audīrentur	caperentur	

§526.　　　完　了　　　　　　　過去完了

単 1	amātus, a, um	sim	amātus, a, um	essem
2		sīs		essēs
3		sit		esset
複 1	amātī, ae, a	sīmus	amātī, ae, a	essēmus
2		sītis		essētis
3		sint		essent

命令法能動相

§527. 命令法能動相（第一）

	1.	2.	3.	4.	5.
単 2	amā	monē	eme	audī	cape
複 2	amāte	monēte	emite	audīte	capite

§528. 命令法能動相（第二）

単 2	amātō	monētō	emitō	audītō	capitō
3	amātō	monētō	emitō	audītō	capitō
複 2	amātōte	monētōte	emitōte	audītōte	capitōte
3	amantō	monentō	emuntō	audiuntō	capiuntō

不　定　詞

§529. 能　動　相

	1.	2.	3.
現在	amāre	monēre	emere
完了	amā(vi)sse	monuisse	ēmisse

未来	amātūrus esse	monitūrus esse	emptūrus esse		
	4.	5.			
現在	audīre	capere			
完了	audī(vi)sse	cēpisse			
未来	audītūrus esse	captūrus esse			

§ 530. 受動相

	1.	2.	3.
現在	amārī	monērī	emī
完了	amātus esse	monitus esse	emptus esse
未来	amātum īrī	monitum īrī	emptum īrī
	4.	5.	
現在	audīrī	capī	
完了	audītus esse	captus esse	
未来	audītum īrī	captum īrī	

分　詞

§ 531. 能動相

	1.	2.	3.	4.	5.
現在	amans	monens	emens	audiens	capiens
未来	amātūrus	monitūrus	emptūrus	audītūrus	captūrus

§ 532. 受動相

完了	amātus	monitus	emptus	audītus	captus

動　名　詞

§ 533.

属格	amandī	monendī	emendī	audiendī	capiendī

動　形　容　詞

V 動詞の活用　　　　　　　　　173

§534.

主格　amandus　monendus　emendus　audiendus　capiendus

目 的 分 詞

§535.

第一　amātum　monitum　emptum　audītum　captum
第二　amātū　monitū　emptū　audītū　captū

能相欠如動詞

命 令 法

§536. 第一

	1.	2.	3.	4.	5.
単 2	hortāre	verēre	loquere	mentīre	morere
複 2	hortāminī	verēminī	loquiminī	mentīminī	moriminī

§537. 第二

単 2	hortātor	verētor	loquitor	mentītor	moritor
3	hortātor	verētor	loquitor	mentītor	moritor
複 2	――	――	――	――	――
3	hortantor	verentor	loquuntur	mentiuntur	moriuntor

不 定 詞

§538.

現在	hortārī	verērī	loquī	mentīrī	morī
完了	hortātus esse	veritus esse	locūtus esse	mentītus esse	mortuus esse
未来	hortātūrus esse	veritūrus esse	locūtūrus esse	mentītūrus esse	moritūrus esse

(未来は能相欠如型でない点に注意．なお未来分詞 moritūrus の作り方は不規則)

分　詞

§ 539.

現在	hortans	verens	loquens	mentiens	moriens
未来	hortātūrus	veritūrus	locūtūrus	mentītūrus	moritūrus
完了	hortātus	veritus	locūtus	mentītus	mortuus

(現在と未来は能相欠如型でない点に注意)

動　名　詞

§ 540.

属格　hortandī　verendī　loquendī　mentiendī　moriendī

動 形 容 詞

§ 541.

主格　hortandus　verendus　loquendus　mentiendus　moriendum
(cf. § 434)

目 的 分 詞

§ 542.

第一	hortātum	veritum	locūtum	mentītum	mortuum
第二	hortātū	veritū	locūtū	mentītū	mortuū

(動名詞，動形容詞，目的分詞も能相欠如型ではない)

*

§ 543.　sum　ある

直説法

	現在	未完了過去	未来
単 1	sum	eram	erō
2	es	erās	eris
3	est	erat	erit
複 1	sumus	erāmus	erimus
2	estis	erātis	eritis
3	sunt	erant	erunt

	完了	過去完了	未来完了
単 1	fuī	fueram	fuerō
2	fuistī	fuerās	fueris
3	fuit	fuerat	fuerit
複 1	fuimus	fuerāmus	fuerimus
2	fuistis	fuerātis	fueritis
3	fuērunt, ēre	fuerant	fuerint

接続法

	現在	未完了過去	完了	過去完了
単 1	sim	essem	fuerim	fuissem
2	sīs	essēs	fueris	fuissēs
3	sit	esset	fuerit	fuisset
複 1	sīmus	essēmus	fuerimus	fuissēmus
2	sītis	essētis	fueritis	fuissētis
3	sint	essent	fuerint	fuissent

命令法			不定詞		分詞	
	第一	第二	現在	esse	現在	ens
単 2	es	estō	完了	fuisse	未来	futūrus
3	——	estō	未来	futūrus esse		
複 2	este	estōte		又は fore		
3	——	suntō				

§ 544. possum できる

直説法

		現在	未完了過去	未来
単	1	possum	poteram	poterō
	2	potes	poterās	poteris
	3	potest	poterat	poterit
複	1	possumus	poterāmus	poterimus
	2	potestis	poterātis	poteritis
	3	possunt	poterant	poterunt
		完了	過去完了	未来完了
単	1	potuī	potueram	potuerō
	2	potuistī	potuerās	potueris
	3	potuit	potuerat	potuerit
複	1	potuimus	potuerāmus	potuerimus
	2	potuistis	potuerātis	potueritis
	3	potuērunt	potuerant	potuerint

接続法

		現在	未完了過去	完了	過去完了
単	1	possim	possem	potuerim	potuissem
	2	possīs	possēs	potueris	potuissēs
	3	possit	posset	potuerit	potuisset
複	1	possīmus	possēmus	potuerimus	potuissēmus
	2	possītis	possētis	potueritis	potuissētis
	3	possint	possent	potuerint	potuissent

不定詞　　　　　　分詞

現在　　posse　　　現在　　potens

完了　　potuisse

V 動詞の活用   177

§545. eō 行く

直説法

	現在	未完了過去	未来
単 1	eō	ībam	ībō
2	īs	ībās	ībis
3	it	ībat	ībit
複 1	īmus	ībāmus	ībimus
2	ītis	ībātis	ībitis
3	eunt	ībant	ībunt

	完了	過去完了	未来完了
単 1	īvī, iī	īveram, ieram	īverō, ierō
2	ī(vi)stī	īverās, ierās	īveris, ieris
3	īvit, iit	īverat, ierat	īverit, ierit
複 1	īvimus, iimus	īverāmus, ierāmus	īverimus, ierimus
2	ī(vi)stis	īverātis, ierātis	īveritis, ieritis
3	īvērunt, iērunt	īverant, ierant	īverint, ierint

接続法

	現在	未完了過去	完了
単 1	eam	īrem	īverim, ierim
2	eās	īrēs	īveris, ieris
3	eat	īret	īverit, ierit
複 1	eāmus	īrēmus	īverimus, ierimus
2	eātis	īrētis	īveritis, ieritis
3	eant	īrent	īverint, ierint

過去完了

単 1 ī(vi)ssem, iissem

2 ī(vi)ssēs, iissēs

3 ī(vi)sset, iisset

複 1　ī(vi)ssēmus, iissēmus
　　2　ī(vi)ssētis, iissētis
　　3　ī(vi)ssent, iissent

命令法　　　　　　　　　不定詞
　　　第一　　第二　　　現在　　īre
単 2　ī　　　ītō　　　完了　　ī(vi)sse, iisse
　　3　——　　ītō　　　未来　　itūrus esse
複 2　īte　　ītōte
　　3　——　　euntō

分詞　　　　　　動名詞　　　eundī
現在　　iens　　動形容詞　　eundum (cf. §434)
未来　　itūrus　目的分詞　　itum

§546. fīō　なる

直説法

	現在	未完了過去	未来
単 1	fīō	fīēbam	fīam
2	fīs	fīēbās	fīēs
3	fit	fīēbat	fīet
複 1	fīmus	fīēbāmus	fīēmus
2	fītis	fīēbātis	fīētis
3	fīunt	fīēbant	fīent

	完了		過去完了	
単 1	factus, a, um	sum	factus, a, um	eram
2		es		erās
3		est		erat
複 1	factī, ae, a	sumus	factī, ae, a	erāmus
2		estis		erātis

V 動詞の活用

			sunt		erant
	未来完了				
単 1	factus, a, um		erō		
2			eris		
3			erit		
複 1	factī, ae, a		erimus		
2			eritis		
3			erunt		

接続法

	現在		未完了過去		
単 1	fīam		fierem		
2	fīās		fierēs		
3	fīat		fieret		
複 1	fīāmus		fierēmus		
2	fīātis		fierētis		
3	fīant		fierent		
	完了			過去完了	
単 1	factus, a, um	sim	factus, a, um		essem
2		sīs			essēs
3		sit			esset
複 1	factī, ae, a	sīmus	factī, ae, a		essēmus
2		sītis			essētis
3		sint			essent

命令法　　　　　　　　不定詞

	第一	第二	現在	fierī
単 2	fī	fītō	完了	factus esse
3	——	fītō	未来	factum īrī 又は futūrus esse
複 2	fīte	fītōte		又は fore

	3	—— fīuntō
分詞		動形容詞 faciendus
完了 factus		

§547. volō 欲する, nōlō 欲しない, mālō より欲する

直説法

現在

		volō	nōlō	mālō
単	1	volō	nōlō	mālō
	2	vīs	nōn vīs	māvīs
	3	vult	nōn vult	māvult
複	1	volumus	nōlumus	mālumus
	2	vultis	nōn vultis	māvultis
	3	volunt	nōlunt	mālunt

未完了過去

単	1	volēbam	nōlēbam	mālēbam
		(以下略)	(以下略)	(以下略)

未来

単	1	volam	nōlam	mālam
		(以下略)	(以下略)	(以下略)

完了

単	1	voluī	nōluī	māluī
		(以下略)	(以下略)	(以下略)

過去完了

単	1	volueram	nōlueram	mālueram
		(以下略)	(以下略)	(以下略)

未来完了

単	1	voluerō	nōluerō	māluerō
		(以下略)	(以下略)	(以下略)

V 動詞の活用

接続法

現在

単 1	velim	nōlim	mālim
2	velīs	nōlīs	mālīs
3	velit	nōlit	mālit
複 1	velīmus	nōlīmus	mālīmus
2	velītis	nōlītis	mālītis
3	velint	nōlint	mālint

未完了過去

単 1	vellem	nōllem	māllem
	(以下略)	(以下略)	(以下略)

完了

単 1	voluerim	nōluerim	māluerim
	(以下略)	(以下略)	(以下略)

過去完了

単 1	voluissem	nōluissem	māluissem
	(以下略)	(以下略)	(以下略)

命令法

	第一	第二
単 2	nōlī	nōlītō
3	——	nōlītō
複 2	nōlīte	nōlītōte
3	——	nōluntō

不定詞

現在	velle	nōlle	mālle
完了	voluisse	nōluisse	māluisse

分詞

現在	volens	nōlens	——

§ 548. ferō　運ぶ

直説法能動相

	現在	未完了過去	未来
単 1	ferō	ferēbam	feram
2	fers	(以下略)	(以下略)
3	fert		
複 1	ferimus		
2	fertis		
3	ferunt		

	完了	過去完了	未来完了
単 1	tulī	tuleram	tulerō
	(以下略)	(以下略)	(以下略)

直説法受動相

	現在	未完了過去	未来
単 1	feror	ferēbar	ferar
2	ferris, re	(以下略)	(以下略)
3	fertur		
複 1	ferimur		
2	feriminī		
3	feruntur		

	完了	過去完了	未来完了
単 1	lātus, a, um sum	lātus, a, um eram	lātus, a, um erō
	(以下略)	(以下略)	(以下略)

接続法能動相

	現在	未完了過去	完了	過去完了
単 1	feram	ferrem	tulerim	tulissem
	(以下略)	(以下略)	(以下略)	(以下略)

V 動詞の活用

接続法受動相

	現在	未完了過去	完了	過去完了
単1	ferar	ferrer	lātus, a, um sim	lātus, a, um essem
	(以下略)	(以下略)	(以下略)	(以下略)

命令法能動相　　　　　　　不定詞能動相

	第一	第二		
			現在	ferre
単2	fer	fertō	完了	tulisse
3	——	fertō	未来	lātūrus esse
複2	ferte	fertōte		
3	——	feruntō		

不定詞受動相　　　　　分詞

現在	ferrī	現在	ferens
完了	lātus esse	未来	lātūrus
未来	lātum īrī	完了	lātus

動名詞　　　ferendī
動形容詞　　ferendus
目的分詞　　lātum

§549. dō　与える

直説法能動相

	現在	未完了過去	未来
単1	dō	dabam	dabō
2	dās	(以下略)	(以下略)
3	dat		
複1	damus		
2	datis		
3	dant		

	完了	過去完了	未来完了
単 1	dedī	dederam	dederō
	(以下略)	(以下略)	(以下略)

直説法受動相

	現在	未完了過去	未来
単 1	dor	dabar	dabor
2	daris, re	(以下略)	(以下略)
3	datur		
複 1	damur		
2	daminī		
3	dantur		

	完了	過去完了	未来完了
単 1	datus, a, um sum	datus, a, um eram	datus, a, um erō
	(以下略)	(以下略)	(以下略)

接続法能動相

	現在	未完了過去	完了	過去完了
単 1	dem	darem	dederim	dedissem
	(以下略)	(以下略)	(以下略)	(以下略)

接続法受動相

	現在	未完了過去	完了	過去完了
単 1	der	darer	datus, a, um sim	datus, a, um essem
	(以下略)	(以下略)	(以下略)	(以下略)

命令法			不定詞能動相	
	第一	第二	現在	dare
単 2	dā	datō	完了	dedisse
3	——	datō	未来	datūrus esse
複 2	date	datōte		
3	——	dantō		

不定詞受動相		分詞	
現在	darī	現在	dans
完了	datus esse	未来	datūrus
未来	datum īrī	完了	datus

動名詞	dandī
動形容詞	dandus
目的分詞	datum

§550. ajō 確言する, inquam 言う(直接話法と)

直説法

		現在		完了	
単	1	ajō	inquam	——	inquiī
	2	ais	inquis	——	inquistī
	3	ait	inquit	ait	inquit
複	1	——	inquimus	——	——
	2	——	inquitis	——	——
	3	ajunt	inquiunt	——	——

参 考 書 目

A. 辞典：

(1) 田中秀央, 羅和辞典, 研究社.

見出し語として, 完了形, 完了分詞形その他が, ごく規則的なものを除いて丹念に掲げられていることや, その他いくつかの点で, すこぶる便利である. また, なによりも日本語で説明を読めるのがありがたい. なお用例の提示はすくない. 例えば下記(7)のような内容の羅和辞典もできることが望まれる.

外国語による説明になるので不便であるが, 下記のものはいずれも手頃で, また優れたものだと思う.

(2) CHAMBERS MURRAY latin-english DICTIONARY.

(3) D. P. Simpson, Cassell's Latin Dictionary: Latin-English, English-Latin, Hungry Minds.

(4) C. T. Lewis, An Elementary Latin Dictionary, Oxford.

(5) C. T. Lewis, A Latin Dictionary for Schools, Oxford.

(6) Langenscheidts Handwörterbuch Lateinisch-Deutsch.

(7) F. Gaffiot, Dictionnaire illustré latin-français, Hachette.

(2)の原著者は W. Smith. J. Lockwood により改訂され(1933年)版を重ねて現在に至っている.

(3)は巻末に English-Latin Section も付いていて便利である.

(4)は(5)を, 用例を絞ったり, 引用個所の詳しい指示を省いたりして縮約したものだが, 立派なものである. (5)よりも内容が豊富になっているところもある.

(6)も実にしっかり作られている.

(7)は用例にいちいち訳がついていて助かる. 適宜挿絵がはいっているのも楽しく, 有益である.

もっと専門的なものとしては, これまで一般に,

(8) C. T. Lewis - C. Short, A Latin Dictionary, Oxford.

が最良のものであるとされてきた．(ちなみに，(5)は(8)を学校用に縮約して作った，(8)の小型版ではない．(5)は(5)で独自に構想され，編纂されたものである．)

(9) Oxford Latin Dictionary, Oxford.

(9)は1930年代の初頭に計画され，以来作業が続けられて，1968年から1982年にわたって八分冊の形で刊行され，完成して一冊本になった．これが現在最良のものということになるであろう．初歩の段階からでも，(1)〜(7)等の辞典と併用することを勧めたい．もっとも意味の区分が細かすぎて，使いにくいという声もあり，(8)も捨てがたい．

逆引きの辞典としては，上記の(3)が簡便である．また，

(10) W. Smith, A Smaller English-Latin Dictionary, John Murray.

がよくできているように思われる．

B. 文法書：

組織的に記されていて，随時参照するのに便利で一般的なものとして，一，二挙げれば，

(11) B. L. Gildersleeve - G. Lodge, Latin Grammar, Bristol Classical Press.

(12) W. G. Hale - C. D. Buck, A Latin Grammar, University of Alabama.

なおラテン語の文の仕組みについて，更にそのための特別の参考書として下記の二冊を勧めたい．

(13) E. C. Woodcock, A New Latin Syntax, Bolchazy Carducci.

(14) A. Ernout - F. Thomas, Syntaxe latine, Klincksieck.

C. その他：

最後にローマ（およびギリシャ）に関する全般的・一般的な参考書を若干挙げ

ておくと,

(15) J. E. Sandys, A Companion to Latin Studies, Hafner.

(16) The Oxford Companion to Classical Literature (edited by M. C. Howatson), Oxford.

(17) The Oxford Classical Dictionary (edited by S. Hornblower and A. Spawforth), Oxford.

(18) 高津春繁, ギリシア・ローマ神話辞典, 岩波書店.

(15)は「イタリアの地理・民族誌」,「動植物」,「歴史」,「宗教・神話」,「私的な事柄」,「公的な事柄」等々のトピックの更にいろいろな点にわたって便利な情報を与えてくれる. (16)は個々の作品, 作者, また作品・作者の理解に役立つ事柄などについて, 読んで面白く有用な記述をしている. (17)は相当に専門的でもある. (18)は複雑な神話の内容を巧みに整理分類して示してある等, たいそう便利なものである.

語　　彙

羅――和

A

ab(ā)　……から，……によって[奪格支配]　cf. §105.
abeō, īre, iī(īvī), itum　立ち去る
aberrō, āre, āvī, ātum　道を誤る
abiēs, etis, f.　樅(モミ)
absolvō, ere, olvī, olūtum　釈放する
absum, abesse, āfuī　離れている
abundans, antis　溢れている，富んでいる[奪格支配]
ac　および(atque の別形)
accēdō, ere, accessī, accessum　近づく
accipiō, ere, cēpī, ceptum　受ける
ācer, ācris, ācre　鋭い
acerbus, a, um　未熟な
ācriter　鋭く，執拗に
āctor, ōris, m.　原告
āctus　→ agō
ad　……へ，……の方へ(方向)，……の所で，……の目的で，……(基準)に合わせて[対格支配]
addiscō, ere, didicī　更に学ぶ
addō, ere, didī, ditum　加える
adipīscor, ī, adeptus sum　得る
adjuvō, āre, jūvī, jūtum　助ける
admonitiō, ōnis, f.　警告
adolēscō, ere, lēvī, dultum　成長する，大人になる
adōrō, āre, āvī, ātum　崇拝する
adpetō, ere, tīvī, tītum　欲しがる，手を伸ばす
adscrībō, ere, scrīpsī, scrīptum　割り当てる，当てはめる
adsum, adesse, affuī　現にある
adūlātor, ōris, m.　おべっか使い
adulēscens, entis, m. f.　若者
adūlor, ārī, ātus sum　へつらう
adulterō, āre, āvī, ātum　姦淫する
adveniō, īre, vēnī, ventum　到着する
adversus, a, um　相対している，不運な
aedificium, ī, n.　建物
Aeduī, ōrum, m. pl.　(ガリアの一部族)
aeger, gra, grum　病気の
aegrōtus, a, um　病気の
aequālis, e　等しい
aequus, a, um　平等な
aes, aeris, n.　銅，銅貨
Aesōpus, ī, m.　イソップ
aestimō, āre, āvī, ātum　評価する
aeternus, a, um　永遠の
afferō, afferre, attulī, allātum　持ち運ぶ，用いる
affirmō, āre, āvī, ātum　確言する，主張する
ager, grī, m.　耕地
aggredior, dī, gressus sum　近づく，襲いかかる
agō, ere, ēgī, āctum　追い立てる，行う，過ごす　vītam agō　生活する
agricola, ae, m.　農夫
ajō[ais, ait, ajunt]　断言する，語る　cf.

§ 550.
āla, ae, f. 翼
albus, a, um 白い
ālea, ae, f. さいころ
aliēnus, a, um 他の, 他人の, 無縁な ab(ā)... aliēnus ……と無関係な
aliquandō ある時, 時々
aliquis, id 誰かある人, 何かある物 [quīdam と比較参照]
alius, a, ud [alium でない点に注意. cf. id, istud, illud] 他の
alō, ere, aluī, altum 養育する, 飼育する, 助長する
alter, era, erum (二つのうちの)一方
altus, a, um 高い, 深い(上の方向と下の方向とを区別しない)
amābilis, e 愛するに値する, 愛らしい
ambitiō, ōnis, f. (猟官運動などのために)歩き回ること
ambitiōsus, a, um 人気取りに熱心な
ambulō, āre, āvī, ātum 歩く
āmens, entis 狂っている
amīcitia, ae, f. 友情, 友好関係
amīcus, ī, m. 友人
āmittō, ere, mīsī, missum 失う
amō, āre, āvī, ātum 愛する
amor, ōris, m. 愛, 恋
an あるいは
ancilla, ae, f. 召使の女
angulus, ī, m. 角, 隅
anima, ae, f. 魂
animal, ālis, n. 動物
animula, ae, f. 小さな魂
animus, ī, m. 生命, 魂, 心, 勇気, 趣味
annus, ī, m. 年, 年齢
anser, eris, m. f. 鵞鳥

ante 前に, より以前に[前置詞として用いられる場合は対格支配]
anteā 前に, より以前に
antepaenultimus, a, um 語末から第3番目の(音節[syllaba, ae, f.])
antepōnō, ere, posuī, positum より尊重する[比較の対象は与格で]
antīquus, a, um 古い, 昔の
ānulus, ī, m. 指輪
anxius, a, um 懸念している
aperiō, īre, ruī, rtum 開ける
apertus, a, um 開けた
apex, picis, m. 先端, 頂点
appāreō, ēre, ruī, ritum 明らかになる, 明らかである, はっきり見える
appellō, āre, āvī, ātum ……と呼ぶ
Aprīlis, e 4月の
aptus, a, um 適した[与格支配]
apud ……のもとで[対格支配]
aqua, ae, f. 水
Aquītānī, ōrum, m. pl. (Aquītānia[南西ガリア]人)
arbitror, ārī, ātus sum 思う, 信ずる
Archimēdēs, is, m. アルキメデス
arcus, ūs, m. 弓
argentum, ī, n. 銀
Aristīdēs, is, m. (前5世紀前半のアテーナイの政治家)
Aristotelēs, is, m. アリストテレス
arma, ōrum, n. pl. 武器, 戦争
ars, artis, f. 技術, 技巧
Asia, ae, f. (ローマの属州)
asinus, ī, m. ろば
assuēscō, ere, suēvī, suētum 慣れる, 習慣とする
astrum, ī, n. 星(複数で比喩的に「栄光」の意味で用いられることがあ

る)
at しかし
Athēnae, ārum, *f. pl.* アテーナイ
Athēniensis, is, *m.* アテーナイ人
atque, ac そして，その上，および
Atticus, a, um Attica(ギリシャの一地方)の
Atticus, ī, *m.* (キケロの友人)
audāx, ācis 大胆な，勇敢な
audeō, ēre, ausus sum[完了諸形は能相欠如] 敢えてする
audiō, īre, īvī, ītum 聞く
augeō, ēre, auxī, auctum 増す
Augustīnus, ī, *m.* アウグスティヌス
Aurēlius, ī, *m.* (氏族名)
aureus, a, um 黄金の，金の
auris, is, *f.* 耳
aurum, ī, *n.* 金
aut はたまた，あるいは
autem[文頭には来ない] しかし，しかるに，そして
auxilium, ī, *n.* 援助
avārus, a, um どん欲な
avidus, a, um 熱望している[属格支配]
avis, is, *f.* 鳥

B

beātē 幸福に
beātitūdō, dinis, *f.* 幸福
beātus, a, um 幸福な，さいわいな
Belgae, ārum, *m. pl.* (北ガリアにいた部族)
Belgium, ī, *n.* (Belgae 人のいた地域)
bellissimus, a, um とてもきれいな
bellum, ī, *n.* 戦争
bellus, a, um きれいな
bene 善く

beneficus, a, um 親切な
bēstia, ae, *f.* 獣
bēstiola, ae, *f.* 小動物
bibō, ere, bibī, pōtum 飲む
bīnī, ae, a 二つずつの
bis 二度
blandior, īrī, ītus sum へつらう
blandulus, a, um いとおしい
bonus, a, um よい
bōs, bovis, *m. f.* 牛
brevis, e 短い
Britannia, ae, *f.* イギリス
Britannus, ī, *m.* Britannia(イギリス)人
Brundisium, ī, *n.* (町，現ブリンディシ．イタリア半島のかかとのところにある)
Brūtus, ī, *m.* (前1世紀の政治家)

C

C. =Gāius(個人名) cf. §419[註1].
cadō, ere, cecidī, cāsum 倒れる，落ちる
caecus, a, um 盲目の
caelum, ī, *n.* 空，天，気候風土
Caesar, aris, *m.* カエサル(シーザー)
calcar, āris, *n.* 拍車
campus, ī, *m.* 広っぱ
canis, is, canum[複数属格．-ium となっていない点に注意．不規則], *m. f.* 犬
canō, ere, cecinī, cantum 歌う
Cantium, ī, *n.* (イギリス東南)ケント州
cantō, āre, āvī, ātum 歌う
cantus, ūs, *m.* 歌
capiō, ere, cēpī, captum 取る，受け取

る，捕まえる
captīvus, ī, *m.* 捕虜
caput, pitis, *n.* 頭
cāritās, ātis, *f.* 好意，愛
carō, carnis, *f.* 肉，肉的存在
cārus, a, um 親しい，愛する
castīgō, āre, āvī, ātum 罰する
castra, ōrum, *n. pl.* 陣営
Catilīna, ae, *m.* （姓名）
Catō, ōnis, *m.* （姓名）
causa, ae, *f.* 原因，理由　sīc faciendī causā そうするために
caveō, ēre, cāvī, cautum 用心する
cavō, āre, āvī, ātum 穿つ
celebrō, āre, āvī, ātum 祭りをする
celer, leris, lere 速い［男性単数主格以外の場合でも r の前に e がある点に注意］
celeriter 速く
cēlō, āre, āvī, ātum 隠す
Celtae, ārum, *m. pl.* ケルト人
censor, ōris, *m.* 監察官，（鋭い）批評家
centum 100［数詞］
centuriātus, a, um 百人隊の
certē 確かに
certus, a, um 確実な，一定の
cervīx, īcis, *f.* 首
cessō, āre, āvī, ātum 止まる
cēterus, a, um 他の
chimēra, ae, *f.* 妄想（Chimaera［ギリシャ神話の怪獣］から）
Christus, ī, *m.* キリスト
cibus, ī, *m.* 食物
cicāda, ae, *f.* 蝉
Cicerō, ōnis, *m.* （前1世紀の弁論家，政治家）
citō 速く
cīvis, is, *m. f.* 市民
cīvitās, ātis, *f.* 国家，部族国家
clāmō, āre, āvī, ātum 叫ぶ
classicus, a, um 最上級の
classis, is, *f.* 等級（Servius 王の制定した，財産による階級）
claudō, ere, clausī, clausum 閉じる
coepī, coeptum 始めた［現在形がない．incipiō, ere, cēpī, ceptum で代用する］
coetus, ūs, *m.* 集合，集まり
cōgitātiō, ōnis, *f.* 思考，思い巡らすこと
cōgitō, āre, āvī, ātum 考える
cognōscō, ere, gnōvī, gnitum 知る
cōgō, ere, coēgī, coāctum 駆り立てる
cohibeō, ēre, uī, itum 制御する
cohortor, ārī, ātus sum 励ます
collis, is, *m.* 岡
colō, ere, luī, cultum 耕す，養う，尊ぶ
colōnia, ae, *f.* 植民地
comitia, ōrum, *n. pl.* 民会
commentārius, ī, *m.* 記録書
commeō, āre, āvī, ātum 往来する
commodum, ī, *n.* 利益
commūniō, ōnis, *f.* 共有
commūnis, e 共通の
conceptiō, ōnis, *f.* 概念，妊娠
concha, ae, *f.* 貝，貝殻
concitō, āre, āvī, ātum 駆り立てる
concordia, ae, *f.* 協調
concubitus, ūs, *m.* いっしょに寝ること
concupīscō, ere, pīvī, pītum むさぼる
concurrō, ere, currī, cursum 走って集まる
condō, ere, didī, ditum 建設する
condolēscō, ere, doluī 痛む

語彙

confero, ferre, tuli, collātum　集める
confessiō, ōnis, f.　告白
conficiō, ere, fēcī, fectum　作り上げる，やり遂げる
confirmō, āre, āvī, ātum　強める，鼓舞する
confugiō, ere, fūgī　避難する
congruō, ere, gruī　合致する
conjiciō, ere, jēcī, jectum　投げる，飛ばす
conjugium, ī, n.　結婚
conjux, ugis, f.　妻
cōnor, ārī, ātus sum　努力する
conscīscō, ere, scīvī, scītum　引き受ける　mortem sibi 〜　自殺する
consensus, ūs, m.　同意
consilium, ī, n.　助言
consimilis, e　似ている
consōlor, ārī, ātus sum　励ます，慰める
conspīrō, āre, āvī, ātum　共謀する
constituō, ere, uī, ūtum　決める
constō, āre, stitī　不動である　sibi 〜　首尾一貫している
construō, ere, rūxī, rūctum　築く
consuētūdō, dinis, f.　慣習
consul, sulis, m.　執政官
contemnō, ere, mpsī, mptum　軽蔑する
contendō, ere, tendī, tentum　競う，戦う
contentus, a, um　満足している[奪格支配]
continenter　絶えず
contrā　……に対抗して[対格支配]
contrārium, ī, n.　反対物
contrectō, āre, āvī, ātum　さわる，性交する

conveniō, īre, vēnī, ventum　集まる
convocō, āre, āvī, ātum　呼び集める
cōpia, ae, f.　多量，量
cōram　……の前で[奪格支配]
Coriolānus, ī, m.　(前5世紀前半の武将)
Cornēlia, ae, f.　(女性名．Cornēlius 氏族の女の意)
cornū, ūs, n.　角(つの)
corōna, ae, f.　花輪
corpus, poris, n.　物体，身体
corruptiō, ōnis, f.　堕落
cottīdiānus(cotī-), a, um　毎日の
cottīdiē(cotī-)　毎日
crās　明日
crēber, bra, brum　立て込んでいる
crēdō, ere, didī, ditum　信頼する[与格支配]，信じる
creō, āre, āvī, ātum[第二活用でない点に注意]　創造する
crēscō, ere, crēvī, crētum　大きくなる
crīmen, minis, n.　罪
cruciō, āre, āvī, ātum[第四活用でない点に注意]　ひどく苦しめる
crūdēlis, e　無惨な
cubō, āre, buī, bitum　眠る
cui[＝alicui. aliquis は nē 等の後では ali のない形が普通用いられる．疑問代名詞と混同しないよう注意を要する]　いかなる人(もの)にも，ある人(もの)に
cuilibet[quīlibet の与格]　誰にであれ
cujus[quis の属格]　誰の
culpō, āre, āvī, ātum　とがめる
cultūra, ae, f.　耕作，訓練，改良
cultus, ūs, m.　耕作，文明化された状態
cum　……時，(……する)ことにおいて，

……ので[理由を示す場合は，接続法が用いられる．どの時称を用いるかについては，§§309〜312を参照]
cum ……といっしょに[奪格支配]
cupiditās, ātis, *f.* 欲望
cupidus, a, um 欲求している[属格支配]
cupiō, ere, pīvī, pītum 欲する
cūr なぜ
cūra, ae, *f.* 心配
cūrātiō, ōnis, *f.* 世話，治療
cūriātus, a, um 氏族の
cūrō, āre, āvī, ātum いやす，配慮する，世話をする
currō, ere, cucurrī, cursum 走る
cursus, ūs, *m.* 走ること
cūstōdiō, īre, īvī, ītum 見張る，監視する

D

dē ……について，……から，……により[奪格支配]
dea, ae, *f.* 女神
dēbeō, ēre, uī, itum ……ねばならない
decem 10[数詞]
December, bris, bre 12月の
decimus, a, um 第10番目の
dēdūcō, ere, dūxī, ductum 引率する
dēfendō, ere, fendī, fensum 守る
dēfīniō, īre, īvī, ītum 区切る，定義する
dēfīnītiō, ōnis, *f.* 定義
deinde 次いで，さらに
dēleō, ēre, ēvī, ētum 破壊する
dēligō, ere, lēgī, lēctum 選択する
dēlinquō, ere, līquī, lictum 誤る，罪を犯す

dēlīrus, a, um 頭がおかしい
dēmonstrō, āre, āvī, ātum 証明する
dēmum 結局，……だけ
dens, dentis, *m.* 歯
dēpellō, ere, pulī, pulsum 追い払う
dēpōnō, ere, posuī, positum 下に置く，放棄する，預ける
dērīdeō, ēre, rīsī, rīsum 笑い物にする
dērīsor, ōris, *m.* 嘲笑者，いたずら者
dēsīderium, ī, *n.* 欲求，希求
dēsīderō, āre, āvī, ātum 希求する
dēsinō, ere, siī, situm 止める
dēsum, deesse, dēfuī, dēfutūrus 欠けている
dētegō, ere, tēxī, tēctum あらわす
deus, ī, *m.* 神(複数主格deīの別形としてdī, diīがある)
dēvorō, āre, āvī, ātum 呑み込む
dexter, t(e)ra, t(e)rum 右の
Diāna, ae, *f.* (狩猟や純潔の女神)
dīcō, ere, dīxī, dictum 言う
dictātor, ōris, *m.* 独裁官
diēs, iēī, *m.* 日，昼間
differō, differre, distulī, dīlātum 相違する
difficilis, e 難しい
dījūdicō[母音の間のjだがjjでなくjと発音する．cf.§5], āre, āvī, ātum 区別する
dīligō, ere, lēxī, lēctum 尊重する，愛する
dīmidium, ī, *n.* 半分
dīmoveō, ēre, mōvī, mōtum 立ち退かせる，動かす
dīrus, a, um 恐るべき
discēdō, ere, cessī, cessum 立ち去る
disciplīna, ae, *f.* 学問

discipulus, ī, *m.* 生徒
discō, ere, didicī 学ぶ
disputātiō, ōnis, *f.* 論議，討議
disputō, āre, āvī, ātum 討議する
disserō, ere, seruī, sertum 論究する，論述する
dissimilis, e 似ていない
dissipō, āre, āvī, ātum 分散させる
ditēscō, ere 富む
diū 長く
dīves, vitis 金持ちの
dīvidō, ere, vīsī, vīsum 分ける
dīvitiae, ārum, *f. pl.* 富，富裕
dō, dare, dabam, dabō [dā- でない点に注意．damus, datis の a も短い], dedī, datum 与える
doceō, ēre, uī, ctum 教える
doleō, ēre, uī, itum 苦しむ
dolor, ōris, *m.* 苦しみ，悲しみ
domī 家で
domicilium, ī, *n.* 住居，住処
domina, ae, *f.* 女主人
dominor, ārī, ātus sum 支配する
dominus, ī, *m.* 主人，主(神のこと)
domum 家へ
dōnec ……の間は
dōnō, āre, āvī, ātum 与える，贈る，捧げる
dōnum, ī, *n.* 贈り物
dormiō, īre, īvī, ītum 眠る，無関心である
dubitātiō, ōnis, *f.* 疑い，ためらい
dubitō, āre, āvī, ātum 疑う
dubius, a, um 疑っている，あやふやな
ducentī, ae, a 200 [数詞]
dūcō, ere, dūxī, ductum (道が)通じている，導く

dulcēdō, dinis, *f.* 甘さ，魅力
dum (……する)間
duo, duae, duo 2 [数詞]
duodēvīcēsimus, a, um 第18番目の
duodēvīgintī 18 [数詞]
dux, ducis, *m. f.* 指導者，将軍

E

ēbrietās, ātis, *f.* 酔うこと
ecce 見よ！
edō, ere, ēdī, ēsum 食べる
ēdō, ere, didī, ditum 出版する
ēducō, āre, āvī, ātum 教育する
effectus, ūs, *m.* 働き，効果，結果
effēminō, āre, āvī, ātum 軟弱にする
efficāx, ācis 効果的な
efficiō, ere, fēcī, fectum 作り出す，引き起こす
effugiō, ere, fūgī 脱走する
egeō, ēre, uī 必要とする[属格または奪格支配]
ego, meī 私
ēgredior, dī, gressus sum 出ていく
ēlābor, bī, ēlāpsus sum 逃れる，消え失せる
eleēmosyna, ae, *f.* 施し
ēleganter 優雅に
elementum, ī, *n.* 元素，[複数で] (学問上の)原理
ēlevō, āre, āvī, ātum けなす
ēloquens, entis 雄弁な
ēmendō, āre, āvī, ātum 改良する
emō, ere, ēmī, emptum 買う
enim [文頭には来ない] なぜならば，確かに
ensis, is, *m.* 剣
eō そこへ

eō, īre, iī(īvī), itum 行く
epistula, ae, f. 手紙
eques, equitis, m. 騎兵
equitō, āre, āvī, ātum 馬に乗る
equus, ī, m. 馬
ergō それゆえに，それでは
ērigō, ere, rēxī, rēctum 立てる
ēripiō, ere, uī, reptum 取り去る，救助する
errō, āre, āvī, ātum 迷う，誤る
error, ōris, m. 過失
est である[sum の三人称単数]
et そして et A A も et... et... ……も……も
etiam 更に etiam A(または)A etiam A さえも
etsī たとえ……としても
Euclīdēs, is, m. ユークリッド
ēveniō, īre, vēnī, ventum 起こる
ēventus, ūs, m. 結果
ex(ē) ……(の中)から[奪格支配] ex parte 部分的に cf. §105.
exāminō, āre, āvī, ātum 計る
excipiō, ere, cēpī, ceptum 除外する
exemplum, ī, n. 模範，例
exerceō, ēre, uī, itum 訓練する
exercitus, ūs, m. 軍隊
exigō, ere, ēgī, āctum 追い出す，要求する
exiguus, a, um わずかな
exīstimō, āre, āvī, ātum 見積もる，思う
expediō, īre, īvī, ītum ほどく，解く
expellō, ere, pulī, pulsum 追放する
experior, īrī, pertus sum 経験する
explicō, āre, āvī, ātum 説明する
explōrātor, ōris, m. 偵察者

expultrīx, īcis, f. 追い払う者(女)
exsistō, ere, stitī 出現する，生起する，[中世ラテン語で]存在する
exspectō, āre, āvī, ātum 待つ
extēnsiō, ōnis, f. 延長，長さ
extrēmum, ī, n. 末端

F

fābula, ae, f. 話，寓話
facilis, e 易しい，容易な
faciō, ere, fēcī, factum 作る，する，ふるまう
factum, ī, n. 事実，事柄
fāgus, ī, f. ぶな
fallāx, ācis 偽りの
fallō, ere, fefellī, falsum 欺く
falsus, a, um 偽りの
fāma, ae, f. 名声
famēs, is, f. 飢え
fās[活用しない], n. 道理，天意に適うこと ～est ……(する)べきだ
faveō, ēre, fāvī, fautum 好意を持つ
fēlēs, is, f. 猫
fēlīx, īcis 幸福な
fēmina, ae, f. 女性
ferē ほとんど nōn～ かならずしも……ない
fēriae, ārum, f. pl. 祭り，祭日
ferō, ferre, tulī, lātum 運ぶ，産み出す，忍耐する
ferōx, ōcis 勇敢な，狂暴な
ferreus, a, um 鉄の
ferrum, ī, n. 鉄，武器
ferus, a, um 野蛮な
fēstīnō, āre, āvī, ātum 急ぐ
fīat[fīō「なる」の現在接続法三人称単数. cf. §546]

fidēliter 忠実に
fidēs, eī, f. 信頼，信仰
fierī [fīō の現在不定詞．cf. §238]
figūra, ae, f. 姿かたち
fīlia, ae, f. 娘
fīlius, ī, m. 息子
fīniō, īre, īvī, ītum 制限する
fīnis, is, m. 結末，終わり 〜 bonōrum よいものごとの中の究極のもの，[複数で]領域
fīō, fierī, factus sum ……になる，生じる，行われる
firmus, a, um 確固たる，確かな
fīunt ……になる[fīō の現在直説法三人称複数．fī- の i が長い点に注意]
fleō, ēre, ēvī, ētum 泣く
flōrēscō, ere 咲き始める
flōs, flōris, m. 花
flūmen, minis, n. 水流，川
fluō, ere, flūxī, flūxum 流れる
fluvius, ī, m. 川
forīs 外に
fōrma, ae, f. 姿，形
formīca, ae, f. 蟻
fortasse おそらくは
fortassis おそらくは
fortis, e 強い
fortiter 強く，勇敢に
fortūna, ae, f. 運，運命，幸運(の女神)
frīgus, goris, n. 寒さ
frons, frontis, f. 顔
frūctus, ūs, m. 果実
frūstrā 空しく
frūx, ūgis, f. 実り，農作物
fugiō, ere, fūgī 逃げる
fulget, ēre, fulsit 稲光がする
fungor, gī, fūnctus sum 果たす[奪格支配]
fūror, ārī, ātus sum 盗む
futūrum, ī, n. 未来
futūrus, a, um 将来の[sum の未来分詞]

G

Gāius [Cāius と記されることもあるが同じくガーイウスと発音される．C の特例である], ī, m. （個人名）cf. §419 [註1]
Gallī, ōrum, m. pl. ガリア人
Gallia, ae, f. ガリア(フランス，ベルギー，北イタリアにわたる地域)
Gallicus, a, um ガリアの
gallīna, ae, f. めんどり
gallus, ī, m. おんどり
Garumna, ae, f. （現ガロンヌ川）
gelidus, a, um 冷たい
gemma, ae, f. 宝石
gemmātus, a, um 宝石のついた
gener, erī, m. 婿
gens, gentis, f. 種族，民族
genus, eris, n. 種類
Germānī, ōrum, m. pl. ゲルマニア人
Germānia, ae, f. ゲルマニア(おおよそ今のドイツに当る地域)
gerō, ere, gessī, gestum （戦争，国政などを）行う，司る，管理運営する
gladius, ī, m. 剣
glōria, ae, f. 名声，栄誉
Gracchus, ī, m. （前2世紀後半の政治家）
gracilis, e 細長い
Graecē ギリシャ語で
Graecī, ōrum, m. pl. ギリシャ人
Graecia, ae, f. ギリシャ
Graecus, a, um ギリシャの

grātulor, ārī, ātus sum 祝賀する
gravis, e 重い，苦痛な
graviter 重く，厳格に
gubernāculum, ī, *n.* 舵，指揮
gustō, āre, āvī, ātum 味わう，食べる，飲む
gustus, ūs, *m.* 味わうこと，味，好み
gutta, ae, *f.* 滴

H

habeō, ēre, uī, itum 持つ habeō...prō... ……を……とみなす
habitō, āre, āvī, ātum 住む
habitus, ūs, *m.* 習慣，性質
Haeduī, ōrum, *m. pl.* (=Aeduī)
Hannibal, alis, *m.* ハンニバル
Helena, ae, *f.* ヘレネー（絶世の美女）
Helvētiī, ōrum, *m. pl.* （スイスのあたりにいた部族）
herī 昨日
heus ほら！　そら！
hīberna, ōrum, *n. pl.* 冬季陣営
hic, haec, hoc これ
hiems, mis, *f.* 冬
hodiē 今日，昨今
Homērus, ī, *m.* ホメロス
homō, minis, *m. f.* 人
honōrō, āre, āvī, ātum 敬う
Horātius, ī, *m.* （前1世紀の詩人）
hortor, ārī, ātus sum 励ます
hostis, is, *m. f.* 敵，敵国人
hūmānitās, ātis, *f.* 文明，文化
hūmānus, a, um 人間的な
humilis, e 卑しい，身分が低い
Hypanis, is, *m.* （現ブーグ川．ウクライナを流れて黒海に注ぐ）

I

ibi そこに
īdem, eadem, idem 同じ
idōneus, a, um 適した
Idūs[ī-], uum, *f. pl.* 月の中日（3, 5, 7, 10月は15日，その他の月は13日）
igitur 従って，それでは
ignis, is, *m.* 火
ignōrātiō, ōnis, *f.* 無知
illātus → inferō
ille, illa, illud あれ
imāgō, ginis, *f.* 似姿，姿，有様
immōbilis, e 不動の
immortālis, e 不死の
immortālitās, ātis, *f.* 不死
imperītus, a, um 経験がない，通じていない
imperium, ī, *n.* 命令，支配，権力
imperō, āre, āvī, ātum 命令する，制御する
impiger, gra, grum 勤勉な
impōnō, ere, posuī, positum 置く，（不正などを）加える，負わせる
importō, āre, āvī, ātum 輸入する
impotens, entis ……の能力のない［属格支配］
impūnītus, a, um 罰を受けないでいる
in ……の中へ［対格支配］，……の中で，……において，……の上で［奪格支配］
incendium, ī, *n.* 火事
incendō, ere, cendī, censum 火をつける，燃え上がらせる
incertus, a, um 不確かな
incipiō, ere, cēpī, ceptum 始める
incolō, ere, coluī, cultum 住む

inconcussus, a, um 揺るがない
incumbō, ere, cubuī, cubitum よりかかる，圧迫する，負担となる
indāgātrīx, īcis, f. 追い求める者(女)
indignus, a, um 恥ずべき
indulgenter 寛大に，甘やかして
indulgeō, ēre, dulsī, dultum 寛大である
Indus, ī, m. インダス河
ineō, īre, iī(īvī), itum 入る，始まる
inferō, ferre, intulī, illātum 運び込む
  bellum 〜 戦争をする
infimus, a, um もっとも下の
infīnītum, ī, n. 無限
infīnītus, a, um 無限の，非常に多い
ingenium, ī, n. 才能
inimīcus, a, um 敵対する
inimīcus, ī, m. 敵[cf. amīcus]
injūria, ae, f. 不正，不法
inopia, ae, f. 欠乏
inops, opis 欠乏している，語彙が貧しい
inquam, is, it 言う cf. §550.
inrīdeō, ēre, rīsī, rīsum 嘲る
inrumpō, ere, rūpī, inruptum 押し入る
insāniō, īre, īvī, ītum 狂っている
insānus, a, um 狂っている
institūtum, ī, n. 慣習
insula, ae, f. 島
integer, gra, grum 全体の，全部の
intellegō, ere, lēxī, lēctum 理解する
inter ……の間に[対格支配]
interest, interesse, interfuit 関心事である，重要事である，得になる
interficiō, ere, fēcī, fectum 殺す
interior, ius 内部の，内陸の
interpres, pretis, m. f. 通訳者，説き明かすもの
interrogō, āre, āvī, ātum 尋ねる
inveniō, īre, vēnī, ventum 発見する
inventrīx, īcis, f. 発明者，考案者
invicem お互いに
invideō, ēre, vīdī, vīsum 妬む[対象になる人物は与格で表わされる]
invidia, ae, f. 嫉妬心
invītus, a, um 嫌がっている
ipse, ipsa, ipsum 自身，他ならぬ
īra, ae, f. 怒り
īrāscor, scī, īrātus sum 怒る
īrī cf. §342.
is, ea, id それ
iste, ista, istud それ
ita このように，そのように
Italia, ae, f. イタリア
itaque その結果として，そこで
iter, itineris, n. 道，方法[単数主・対格以外の語幹は itiner- で，iter とかなり異なる点に注意]

J

jaceō, ēre, cuī, citum 横たわる，無力である
jaciō, ere, jēcī, jactum 投げる
jaculum, ī, n. 投げやり
jam 既に，今後
Jānuārius, a, um 1月の
jubeō, ēre, jussī, jussum 命令する
jūbilum, ī, n. 歓呼
jūcundus, a, um 喜ばしい，楽しい
Jūdaeus, ī, m. ユダヤ人
jūdex, dicis, m. f. 裁判官，審判者
jūdicium, ī, n. 裁判，意見
jūdicō, āre, āvī, ātum 判断する
jugum, ī, n. くびき，横木

Jūlius, ī, *m.* (氏族名)
jungō, ere, jūnxī, jūnctum　結び合わす
Juppiter, Jovis, *m.*　(ローマ人の最高の神)[主格以外の語幹は Jov- で，主格の形と非常に異なる点に注意]
jūs, jūris, *n.*　法，権利
jussum, ī, *n.*　命令
jūstitia, ae, *f.*　正義
jūstus, a, um　正しい
Juvenālis, is, *m.*　(1世紀後半から2世紀前半の風刺詩人)
juvenis, is　若い
juvenis, is, *m. f.*　若者
juventūs, ūtis, *f.*　青春
juvō, āre, jūvī, jūtum　助ける

L

labōrō, āre, āvī, ātum　働く
labrum, ī, *n.*　唇
lacrima, ae, *f.*　涙
laedō, ere, laesī, laesum　傷つける
lapis, idis, *f.*　石
largior, īrī, ītus sum　十分に授与する
lateō, ēre, uī　隠されている
Latīnē　ラテン語で
Latīnus, a, um　ラティウム(Latium[イタリア半島中西部の一地域])の
lātitūdō, inis, *f.*　広さ，幅
latrō, ōnis, *m.*　追い剝ぎ
lātrō, āre, āvī, ātum　吠える
lātus, a, um　広い
laudō, āre, āvī, ātum　誉める
lavō, āre, lāvī, lautum　洗う
laxō, āre, āvī, ātum　ゆるめる
lēgātus, ī, *m.*　使節
legiō, ōnis, *f.*　軍団
legō, ere, lēgī, lēctum　拾い集める，読

む

lentē　ゆっくり
lepus, poris, *m.*　兎
Lesbus, ī, *f.*　レスボス島
levis, e　軽い，軽薄な
lēx, lēgis, *f.*　法律
libellus, ī, *m.*　本(小さめの)
libenter　喜んで，進んで
liber, brī, *m.*　本，巻
līber, era, erum　自由な
līberē　自由に
līberī, ōrum, *m. pl.*　子供[親との関係で，一人の場合でも複数が用いられる]
lībertās, ātis, *f.*　自由
licet, ēre, licuit　許されている
līnea, ae, *f.*　線
lingua, ae, *f.*　舌，言語
līs, lītis, tium, *f.*　争い
littera, ae, *f.*　文字(複数形で手紙の意味でも用いられる)
lītus, oris, *n.*　海岸
locuplēs, ētis　豊富な
locus, ī, *m.*[複数は locī の他に loca, *n.*]　場所，[複数 loca]場所柄，地勢
longē　長く，遠く，格段に
longissimē　もっとも遠く
longitūdō, inis, *f.*　長さ
longus, a, um　長い
loquor, quī, locūtus sum　話す
lūceō, ēre, lūxī　輝く
Lucrētius, ī, *m.*　(前1世紀前半の詩人)
lūctus, ūs, *m.*　悲惨
lūdō, ere, lūsī, lūsum　遊ぶ
lūdus, ī, *m.*　学校，見せ物，ショー
lūna, ae, *f.*　月
lupus, ī, *m.*　狼
lūsus, ūs, *m.*　遊び

lūx, lūcis, f. 光

M

M. ＝Mārcus（個人名）
magis より以上，むしろ
magister, trī, m. 教師
magistra, ae, f. （女性の）教師
magistrātus, ūs, m. 役人，官吏
magnificō, āre, āvī, ātum 崇める
magnopere 大いに
magnus, a, um 大きい
major, majus より大きい
male 悪く
maleficium, ī, n. 犯罪
mālō, mālle, māluī むしろ……を欲する
malum, ī, n. 災害
malus, a, um 悪い
māne 朝早く
maneō, ēre, mansī, mansum 留まる，存続する
Marathōn, ōnis, f. （ペルシャ戦役の古戦場）
Mārcus, ī, m. （個人名）
mare, ris, n. 海
maritimus, a, um 海岸の
māter, tris, f. 母
materia, ae, f. 木材
mātrimōnium, ī, n. 結婚
Mātrona, ae, f. （セーヌ川の支流．現マルヌ川）
mātūrus, a, um 熟している
maximē 極めて多く，非常に
maximus, a, um 極めて大きい
meā meus[私の]の女性単数奪格形
medeor, ērī, ditus sum いやす
medicīna, ae, f. 医術，治療

medicus, ī, m. 医者
mediocritās, ātis, f. 中庸
meditātiō, ōnis, f. 熟考，省察
mediterrāneus, a, um 内陸の
medius, a, um 中間の，中庸の，中立の
melior, ius より良い
meminī, isse 覚えている[現在形がなく，完了形が現在の機能を持っている．cf. §147(ロ)]
memor, oris 記憶している[属格支配]
memoria, ae, f. 記憶，記憶力
mendāx, ācis 嘘つきの，当てにならない
Menelāus, ī, m. （スパルタの王．Helena の夫）
mens, mentis, f. 心
mensa, ae, f. テーブル
mensis, is, m. （暦の）月
mentior, īrī, ītus sum 嘘をつく
mercātor, ōris, m. 商人
merīdiēs, iēī, m. 正午
meus, a, um 私の
mihi 私に
mīles, litis, m. 兵士
mīlitō, āre, āvī, ātum 軍務に服する，戦う
mīlle, mīlia, mīlium 1000[数詞]
Minerva, ae, m. （知恵の女神）
minimē もっとも少なく，決して……でない
minimus, a, um 最小の
minor, minus より小さい
minuō, ere, uī, ūtum 小さくする，弱める
miser, era, erum 哀れな，惨めな
misereor, ērī, itus sum 哀れむ[属格あるいは与格支配]

miseria, ae, *f.* 悲惨
mītis, e 緩やかな，柔和な
mittō, ere, mīsī, missum 送る，行かせる
moderor, ārī, ātus sum 制する，制御する［与格支配］
modestia, ae, *f.* 節制
modo ただ，だけ nōn modo... sed etiam... ……のみならず……もまた
modus, ī, *m.* 方法，やり方，有様
molestus, a, um いとわしい，嫌な
mōlior, īrī, ītus sum 企てる
molliō, īre, īvī, ītum 柔らかくする，従順にする
mollis, e 柔らかい，平穏な，従順な
moneō, ēre, uī, itum 警告する
mons, montis, *m.* 山
morbus, ī, *m.* 病気
mordeō, ēre, momordī, morsum 噛む
morior, morī, mortuus sum, moritūrus 死ぬ
mors, mortis, *f.* 死
mortālis, e 死ぬべき，人間
mortuus, a, um 死んでいる
mōs, mōris, *m.* 慣習，仕方，礼節，徳義
mōtus, ūs, *m.* 運動
mox まもなく
mulier, eris, *f.* 女（婦人）
multitūdō, dinis, *f.* 多数，多いこと
multō 非常に
multum 多く，大いに
multus, a, um 多くの
mundus, ī, *m.* 世界，この世
mūs, mūris, mūrium, *m. f.* 鼠
musca, ae, *f.* 蠅

mūsica, ae, *f.* 音楽
mūtō, āre, āvī, ātum 変える

N

nam なぜなら，即ち
nāris, is, *f.* 鼻孔，［複数で］鼻
narrō, āre, āvī, ātum 物語る
nāscor, scī, nātus sum 生まれる，産出される
nātiō, ōnis, *f.* 国民
natō, āre, āvī, ātum 泳ぐ
nātūra, ae, *f.* 自然，本性
nātūrālis, e 自然の
nātus, a, um ……歳の［annus の対格といっしょに］
nātus, ūs, *m.*［奪格 nātū でしか用いられない］生まれ nātū minimus 一番若い
-ne ……か？ tuumne［トゥウムネ］? 君のものか？
nē ……ないために，……ではないかと
nē... quidem 決して……ない（後代では nē の代わりに nōn がしばしば用いられる）
nec しかし（そして）……ない
nec... nec...［nec は neque の短縮形］……もなく……もない
necesse［活用しない］必然の
necō, āre, āvī, ātum 殺す
neglegō, ere, lēxī, lēctum 顧みない
nēminī （nēmō の与格）
nēmō だれも……ない（英語 nobody 参照）
nepōs, ōtis, *m.* 孫
Nepōs, ōtis, *m.* （前1世紀の歴史家）
neque しかし（そして）……ない
neque... neque... ……もなく……もな

nescio, īre, īvī, ītum　知らない（nōn sciō とは普通言わない）
neuter, tra, trum　両方とも……ない
nēve　かつまた……ないように
niger, gra, grum　黒い
nihil　何も……ない
nīl　（nihil の短縮形）
nisi　……以外に，……でなければ
niveus, a, um　雪のように白い
nōbīs　我々に，我々から[nōs の与格および奪格]
noceō, ēre, cuī, citum　害を加える
nōlō, nōlle, nōluī　欲しない
nōmen, minis, n.　名称，名前
nōn　ない
nōn... sed...　……ではなくて……
nōn sōlum... sed etiam...　……のみならず……もまた
nōndum　まだ……ない
nōnne　……ない（の）か？ ……ではないか？
nōscō, ere, nōvī, nōtum　知る
noster, tra, trum　我々の
nostrī[noster の男性複数主格]　わが軍（我々の男たち）
nōtitia, ae, f.　知っていること
novissimē　ついに，とうとう
novus, a, um　新しい
nox, noctis, noctium, f.　夜
noxius, a, um　害がある，損害を与える
nūbilum, ī, n.　曇り空，[通常複数で]曇り
nūllī[nūllus の単数与格]　誰にも……ない
nūllus, a, um　誰（何）も……ない
num　まさか……ではないだろうね，[間接疑問文を導いて]……かどうか
numerō, āre, āvī, ātum　数える
numerus, ī, m.　数
nummus, ī, m.　貨幣，かね
nunc　今
nunquam　決して……ない
nūntiō, āre, āvī, ātum　知らせる
nūntius, ī, m.　使者
nūtrīcō, āre, āvī, ātum　養育する
nux, nucis, f.　くるみ

O

ob　……のために，……が原因で[対格支配]
oblīvīscor, ī, oblītus sum　忘れる
observō, āre, āvī, ātum　遵守する
obsum, obesse, obfuī　害になる
occāsiō, ōnis, f.　機会
occidō, ere, cidī, cāsum　倒れる，死ぬ
occīdō, ere, cīdī, cīsum　殺す
occupō, āre, āvī, ātum　占領する
oculus, ī, m.　目
odium, ī, n.　憎しみ
officium, ī, n.　義務
omnīnō　全く
omnis, e　すべての，全体の
onus, oneris, n.　重荷
opera, ae, f.　苦労　operam dō　努力する[与格支配]
operōsus, a, um　活動的，せわしい
opīniō, ōnis, f.　意見
oportet, ēre, uit　……ねばならない
oppidānus, ī, m.　町の人
oppidum, ī, n.　城市，町
opprimō, ere, ressī, ressum　圧迫する
ops, opis, f.　援助，[複数で]富，財産
optābilis, e　願わしい

optimē　もっともよく
optimus, a, um　もっとも(極めて)よい
optō, āre, āvī, ātum　選ぶ，望む
opus est　必要である[対格不定詞節と]
orbis, is, *m.*　円　orbis terrārum　地球，世界
orior, īrī, ortus sum, oritūrus　起きる，生じる，由来する
ōrnō, āre, āvī, ātum　飾る
ōrō, āre, āvī, ātum　祈る
Orpheus, ī, *m.*　(伝説的な楽人)
os, ossis, ossium, *n.*　骨
ōs, ōris, *n.*　口
ovis, is, *f.*　羊

P

pācificus, a, um　平和をつくり出す
paenitet, ēre, uit　後悔する，不満である[そう感じる人物を対格で，その対象を属格で表わす]
paenultimus, a, um　終わりから第2番目の
pāgus, ī, *m.*　村
Palīlia, ium, *n. pl.*　パレース神[Palēs, is, *f.*　牧人・家畜の守護神]の祭り(4月21日に行われた)
pallidus, a, um　青ざめた
Panaetius, ī, *m.*　(前2世紀のストア派の哲学者)
parallēlus, a, um　平行の
parātus, a, um　準備を整えている
parcō, ere, pepercī, parsum　容赦する[与格支配]
pāreō, ēre, uī, itum　服従する
pariō, ere, peperī, partum　生む
pars, partis, *f.*　部分
parvus, a, um　小さい

pateō, ēre, uī　開いている
pater, tris, *m.*　父
patientia, ae, *f.*　忍耐
patior, tī, passus sum　苦しむ，こうむる
patria, ae, *f.*　祖国
patricius, ī, *m.*　貴族
patrōcinium, ī, *n.*　弁護，庇護
paucus, a, um　少ない
paululum　ほんのしばらくの間
pauper, eris　貧しい
pavor, ōris, *m.*　恐怖
pāx, ācis, *f.*　平和
peccātum, ī, *n.*　罪
peccō, āre, āvī, ātum　罪を犯す
pectus, toris, *n.*　胸
pecūnia, ae, *f.*　お金
pecus, coris, *n.*　家畜
pejor, pejus　より悪い
pendeō, ēre, pependī　ぶらさがっている
penitus　完全に，徹底的に
pensitō, āre, āvī, ātum　払う
peperī　→ pariō
per　……を通って，……によって[対格支配]
pēra, ae, *f.*　ずだ袋
peragrō, āre, āvī, ātum　遍歴する，さまよう
perdō, ere, didī, ditum　破滅させる
pereō, īre, iī(īvī), itum　滅びる
perfrīgidus, a, um　非常に寒い
perīculum, ī, *n.*　危険
perītus, a, um　熟練した，巧みな[属格支配]
perjūcundus, a, um　非常にたのしい
permaneō, ēre, mansī, mansum　留ま

る
perniciōsus, a, um 有害な
Persae, ārum, m. pl. ペルシャ人
persuādeō, ēre, suāsī, suāsum 説得する[与格支配]
pertināx, ācis 強固な，忍耐強い
pertineō, ēre, tinuī, tentum 及ぶ，係わりがある，影響がある
perveniō, īre, vēnī, ventum （ある場所に）着く，至る
pēs, pedis, m. 足
pessimus, a, um もっとも悪い
petō, ere, tīvī, tītum 得ようとする
Phaedrus, ī, m. （前1世紀末から1世紀半ば頃の寓話詩人）
philosophia, ae, f. 愛知，哲学
philosophus, ī, m. 愛知者(哲学者)
piger, gra, grum 怠慢な
piscis, is, m. 魚
placenta, ae, f. 菓子
placeō, ēre, uī, itum 好ましく思われる，気に入る[好む対象は主格，それを好む主体は与格で表わされる]
placidē 穏やかに
plānē 明白に，完全に
plānum, ī, n. 平面
Platō, ōnis, m. プラトン
plēbs, plēbis, f. 庶民，大衆
plēnus, a, um 充たされている[属格あるいは奪格支配]
plērīque, aeque, aque きわめて多数の
pluit, ere, ūvit 又は uit 雨が降る
plumbum, ī, n. 鉛
plūrimus, a, um きわめて多くの
plūs より多い cf. §429[註2].
Plūtō, ōnis, m. （冥界の神）
poena, ae, f. 罰

Poenī, ōrum, m. pl. カルタゴ人
pondus, deris, n. 重さ
pōnō, ere, posuī, positum 置く，つくる
pons, pontis, m. 橋
Pontiliānus, ī, m. （人名）
populus, ī, m. 人民，国民，群集
pōpulus, ī, f. ポプラ
porta, ae, f. 門
Posīdōnius, ī, m. （前2世紀から前1世紀にかけての哲学者．Panaetiusの弟子）
possessiō, ōnis, f. 所有，財産
possideō, ēre, sēdī, sessum 所有する
possum, posse, potuī できる，権勢がある
post ……のあとに(時間)，……のうしろに(空間)[対格支配]
posteāquam ……の後
posterior, ius より後の
potens, entis 強力な，有力な
potentia, ae, f. 能力，権能
potior, ius よりまさっている
potius むしろ
praecēdō, ere, cessī, cessum 勝る，凌ぐ
praeceptum, ī, n. 命令，訓戒，教え
praecipiō, ere, cēpī, ceptum 先に取る，命ずる，指図する
praeda, ae, f. 略奪物
praedīcō, ere, dīxī, dictum 予言する
praemittō, ere, mīsī, missum 先に送る
praeses, sidis, m. f. 保護者，総督
praestō, āre, stitī, stitum 秀でる
praeter ……を除いて[対格支配]
precor, ārī, ātus sum 懇願する
pretiōsus, a, um 高価な

prīmō　最初に
prīmōrdium, ī, n.　発端
prīmus, a, um　第1番目の
prīnceps, cipis, m.　首長，第一人者
prīncipium, ī, n.　始め，原理
prior, prius　より前の
priusquam　……前に
prīvō, āre, āvī, ātum　奪う[相手を対格，奪い取るものを奪格で表わす]
prō　……の前で，……のために，……として[奪格支配]
probō, āre, āvī, ātum　吟味する，証明する
probus, a, um　立派な
prōdō, ere, didī, ditum　伝える
prōdūcō, ere, dūxī, ductum　延長する
proelium, ī, n.　戦闘
proficīscor, scī, fectus sum　出発する
prohibeō, ēre, buī, bitum　遠ざける，寄せつけない
prōlētārius, a, um　無産者の
prōmittō, ere, mīsī, missum　約束する
prope　……の近くで[対格支配]
propior, ius　より近い
proprius, a, um　固有の，自分の
propter　……のために[対格支配]
proptereā　そのために
prōrsus　全く
prōsum, prōdesse, prōfuī　役立つ
prōtegō, ere, tēxī, tēctum　保護する
prōvincia, ae, f.　属州
prōvocō, āre, āvī, ātum　呼び出す，挑発する
proximus, a, um　最も近い
proximus, ī, m.　隣人
prūdens, entis　思慮深い
prūdenter　思慮深く

prūdentia, ae, f.　思慮分別
prūdentissimus, a, um　最も思慮深い
pūblicus, a, um　公の　rēs pūblica　国家
puella, ae, f.　少女，(若い)女
puer, erī, m.　少年，子供
pugnō, āre, āvī, ātum　戦う(……と cum[奪格支配])
pulcher, chra, chrum　美しい
pulsō, āre, āvī, ātum　打つ，叩く
punctum, ī, n.　点
pūniō, īre, īvī, ītum　罰する
putō, āre, āvī, ātum　思う，考える

Q

Q. E. D.　=quod erat dēmonstrandum.
quadrāgēsimus, a, um　第40番目の
quaerō, ere, quaesīvī, quaesītum　問う，知ろうとする，(尋ね)求める
quaestiō, ōnis, f.　問い，問題
quam　……よりも
quam　何と！
quandō　いつか
quandō　……時に，いつ
quantō　……(すればする)ほど(それだけ)
quantum　……(すればする)ほど(それだけ)
quārē　それ故に，なぜ
quārtus, a, um　第4番目の
quasi　あたかも……のように
quater　4回
quattuor　4[数詞]
-que　そして　vir armaque[ウィル アルマクェ] 男と戦争(アクセントが -que の前に移る．fēminae līberaeque[フェーミナエ リーベラエ

クェ] 女たちと子供たち 但し antepaenultima にアクセントのある語は，アクセントが保持され，かつ -que の前にもアクセントが来る)

queror, ī, questus sum 嘆く，告訴する

quī, quae, quod (関係代名詞)

quia なぜなら

quīcumque, quaecumque, quodcumque 誰(何)であろうと

quid 何を，なぜ

quīdam, quaedam, quiddam[形容詞的場合 quoddam] ある(特定の)人，もの[aliquis と比較参照]

quidem 確かに

quiēscō, ere, quiēvī, quiētum 休む

quīlibet, quaelibet, quidlibet[形容詞的場合 quodlibet] 誰であれ，何であれ

quīn ……ことを(疑惑等の内容を示す副文を作る接続詞)

quīnquāgintā 50[数詞]

quīnque 5[数詞]

quīnquiēs 5回

Quīntiliānus, ī, m. (1世紀の弁論学者)

quīntus, a, um 第5番目の

Quīntus, ī, m. (個人名)

quis, quid[形容詞的場合 quī, quae, quod] 誰，何

quis, quid[形容詞的場合 quī, quae(または qua), quod] 或る，(または)いかなる人，物[sī, nē 等の後で, aliquis, aliquid の代わりに用いられる]

quisque, quidque 各人，各々のもの[-que の前の部分が疑問代名詞(cf. §261)と同じように活用する．なおまた īdem の活用(§§255, 256)も参照]

quō どこへ

quō それによって……(する)ために

quod その点に関して，そこで

quod ……であるから

quoniam ……であるから

quoque ……もまた id quoque それも

quot 〜 A, tot B Aの数ほども多くのB

R

rāna, ae, f. 蛙

rapāx, ācis 強欲な

rārō 稀に

rārus, a, um 稀な

rebellō, āre, āvī, ātum 背く

recordor, ārī, ātus sum 思い出す

rēctē 正しく

rēctus, a, um 直線の，直角の

reddō, ere, didī, ditum 返す，与える

redeō, īre, iī(īvī), itum 帰る

redimō, ere, ēmī, emptum 買い戻す，あがなう

rēfert 大切である(〜 tuā あなたにとって……, 不定詞とともに)

reformīdō, āre, āvī, ātum いみきらう

regiō, ōnis, f. 地域

regnō, āre, āvī, ātum (王として)支配する

reliquī, ae, a 残りの，他の

reliquum, ī, n. 残り

remaneō, ēre, mansī 残っている

remedium, ī, n. 治療，治療法

remissus, a, um 穏やかな

reor, ērī, ratus sum 思う

repellō, ere, reppulī, repulsum 撃退する

reperiō, īre, repperī, repertum 発見す

る，案出する
repetō, ere, tīvī, tītum　返せという
repleō, ēre, ēvī, ētum　一杯にする
reposcō, ere　返せという
repraesentō, āre, āvī, ātum　提示する
reprehendō, ere, hendī, hensum　とらえる
repugnō, āre, āvī, ātum　反対する
requiēscō, ere, quiēvī, quiētum　休む，休養する
rēs, reī, f.　物，物事　rēs pūblica　国家
resistō, ere, stitī　立ち止まる，抵抗する
respondeō, ēre, spondī, sponsum　答える
restituō, ere, tuī, tūtum　呼びもどす
retendō, ere, tendī, retensum　ゆるめる
reus, a, um　責任がある，罪がある
reus, ī, m.　責任者，被告
rēvērā　実際に，本当に
rēx, rēgis, m.　王
Rhēnus, ī, m.　ライン川
rīdeō, ēre, rīsī, rīsum　笑う
rīdiculus, a, um　おかしな
rogō, āre, āvī, ātum　尋ねる，願い求める
Rōma, ae, f.　ローマ
Rōmānus, a, um　ローマの
Rōmulus, ī, m.　（ローマの創設者）
rosa, ae, f.　ばら
rumpō, ere, rūpī, ruptum　壊す
ruō, ere, ruī, rutum　落ちる，崩壊する
rūrī　田舎で
rūrsus　他方

S

S.　＝sanctus
Sabidius, ī, m.　（人名）
saepe　しばしば
sagitta, ae, f.　矢
saliō, īre, luī(liī)　跳び上がる
saltō, āre, āvī, ātum　踊る
salūber, bris, bre　健康によい
salūs, ūtis, f.　安全
salūtō, āre, āvī, ātum　挨拶する，敬意を表する
salvō, āre, āvī, ātum　救う
salvus, a, um　健全な
sanctus, a, um　聖なる
sanguis, guinis, m.　血
sānō, āre, āvī, ātum　健康にする
sānus, a, um　健康な，分別のある
sapiens, entis　賢明な
sapienter　賢く
sapientia, ae, f.　知恵
satis　十分に，適切に
Sāturnālia, ium, n. pl.　サートゥルヌス神[Sāturnus, ī, m.　農耕の神]の祭り（12月17日から19日にわたって行われた）
Sāturnus, ī, m.　（農耕の神）
scientia, ae, f.　知，知識，科学
sciō, īre, īvī, ītum　知っている
Scīpiō, ōnis, m.　（姓名）
scrībō, ere, scrīpsī, scrīptum　書く
sē[対格]　彼(彼女，それ)自身を
secō, āre, secuī, sectum　切る
sector, ārī, ātus sum　熱心に従う，追い求める
secundus, a, um　第2番目の
sed　しかし

sedeō, ēre, sēdī, sessum　座る
semel　一度
semper　いつも
sempiternus, a, um　永久の
senātor, ōris, m.　元老院議員[cf. senex 老人]
senātus, ūs, m.　元老院
Seneca, ae, m.　(1世紀のストア派の哲学者)
senectūs, ūtis, f.　老年
senex, senis, m. f.　[単数主格以外の語幹は sen-, 単数主格の語幹は senec-. 相違に注意]　老人
sensus, ūs, m.　感覚
sentiō, īre, sensī, sensum　知覚する，気づく，体験する，考える
sepeliō, īre, īvī, pultum　葬る
septingentēsimus, a, um　第700番目の
sepulchrum, ī, n.　墓
Sēquana, ae, f.　(現セーヌ川)
Sēquanī, ōrum, m. pl.　(ガリアの一部族)
sequor, quī, secūtus sum　従う[対格支配]
serēnus, a, um　静穏な
serviō, īre, īvī, ītum　隷従する
servitūs, ūtis, f.　奴隷状態
Servius, ī, m.　(古代ローマ第6代目の王)
servō, āre, āvī, ātum　救う，保護する
servus, ī, m.　奴隷
sevērē　厳格に
sevēritās, ātis, f.　厳格，生真面目
sex　6[数詞]
sexāgintā　60[数詞]
sextus, a, um　第6番目の
Sextus, ī, m.　(個人名)

sī　もし……なら
sibi [与格]　彼(彼女，それ)自身に
sīc　このように，そのように
Sicilia, ae, f.　シシリー島
sicut　……のように
sileō, ēre, uī　沈黙する
silva, ae, f.　森
similis, e　似ている
similiter　同様に
simplex, licis　単純な
simul　……や否や
simulātiō, ōnis, f.　見せかけ
sine　……なしに[奪格支配]
singulī, ae, a　一つずつの
sinister, tra, trum　左の
sitiō, īre, īvī　喉が渇く
sīve... sīve...　……であれ……であれ
socer, erī, m.　しゅうと
societās, ātis, f.　共同，結合
socius, ī, m.　仲間
Sōcratēs, is, m.　ソクラテス
sōl, sōlis, m.　太陽
soleō, ēre, solitus sum [完了は能相欠如動詞型]　……するのが常である，習慣である
sōlum　ただ，だけ
sōlus, a, um　ただ……だけが，唯一の，孤独の
somnus, ī, m.　眠り
sophus, ī, m.　賢者
sors, rtis, f.　境遇
sospes, pitis　つつがない，無事である
spectāculum, ī, n.　見せ物，ショー
spectō, āre, āvī, ātum　視る
spernō, ere, sprēvī, sprētum　退ける
spērō, āre, āvī, ātum　希望する
spēs, eī, f.　希望

spīrō, āre, āvī, ātum　息をする
statim　直ちに
statuō, ere, uī, ūtum　決心する
stēlla, ae, *f.*　星
stō, āre, stētī, statum　立つ
studiōsē　熱心に
studium, ī, *n.*　欲求
stultitia, ae, *f.*　愚鈍，愚か
stultus, a, um　愚かな
suādeō, ēre, suāsī, suāsum　忠告する
sub　……の下へ[対格支配]，……の下で[奪格支配]
subitō　急に，ただちに
subitus, a, um　突然の
subjungō, ere, jūnxī, jūnctum　屈服させる
sublātus　→ tollō
subtrahō, ere, trāxī, tractum　取り去る
subveniō, īre, vēnī, ventum　助ける[与格支配]
succumbō, ere, cubuī, cubitum　屈服する
succurrō, ere, currī, cursum　援助する[与格支配]
suī　彼(彼女，それ)自身の
sum, esse, fuī　存在する，……である
summus, a, um　最高の，最上の
sūmō, ere, sūmpsī, sūmptum　取る
sunt　である[sum の三人称複数]
super　……の上方に[奪格支配]，……の上へ[対格支配]
superō, āre, āvī, ātum　立ち勝る
supīnum, ī, *n.*　目的分詞
supīnus, a, um　仰向けになっている，無精な
supplicium, ī, *n.*　刑罰，苦しみ
suppōnō, ere, posuī, positum　下に置く，[中世ラテン語で]仮定する
suprēmus, a, um　最高の
sūs, suis, *m. f.*　豚
suspendō, ere, pendī, pensum　掛ける，吊るす
sustulī　→ tollō
suus, a, um　彼(彼女，それ)(ら)自身の

T

taberna, ae, *f.*　小屋
taceō, ēre, uī, itum　黙る
tacitē　静かに
tālea, ae, *f.*　延べ棒
tālis, e　このような
tam　これほど　tam... quam...　……と同程度に……
tamen　しかし
tamquam　あたかも……のように
tandem　ついに，とうとう
tangō, ere, tetigī, tāctum　触れる
Tantalus, ī, *m.*　(プリュギアの王．飢えと渇きの罰に永久に処せられた)
tantō　……(あればあるほど)それだけ
tantum　ただ，だけ
tardē　遅く，ゆっくりと
tardō, āre, āvī, ātum　ためらう
Tarentum, ī, *n.*　(Brundisium の西 60 キロ程の所にあった町)
Tartarus, ī, *m.*　下界，地獄
tegō, ere, tēxī, tēctum　被う
temperātus, a, um　穏やかな
tempestās, ātis, *f.*　天候
templum, ī, *n.*　神殿
tempus, poris, *n.*　時，時間，情勢
tendō, ere, tetendī, tentum 又は tensum　張る，緊張する
teneō, ēre, uī, ntum　保つ，占領する，

(意味を)つかむ，理解する
ter 3回
tergum, ī, n. 背中，後ろ
terra, ae, f. 土地，地面，地球
terreō, ēre, uī, itum 恐れさせる
terror, ōris, m. 恐怖
tertius, a, um 第3番目の
tibi[与格] あなたに
timeō, ēre, uī 恐れる
timor, ōris, m. 恐れ
tolerō, āre, āvī, ātum 耐え忍ぶ
tollō, ere, sustulī, sublātum 取り上げる，取り除く，無くする
tonat, āre, nuit 雷が鳴る
Torquātus, ī, m. (前4世紀の武将)
torqueō, ēre, torsī, tortum 苦しめる
tot quot A,～B Aの数ほども多くのB
tōtus, a, um 全体の[ūnus, a, um と同様の活用をする]
trādō, ere, didī, ditum 手渡す，伝える，委ねる
trādūcō, ere, dūxī, ductum むこうに導く
trahō, ere, trāxī, tractum 引く，動かす
tranquillē 静かに
tranquillitās, ātis, f. 平安
trans ……を越えて[対格支配]
transeō, īre, iī(īvī), itum 渡る，移り変わる
trēs, tria 3[数詞]
tribūnus, ī, m. 長，代表者 ～ mīlitum 軍団指令官 ～ plēbis 護民官
tribuō, ere, uī, ūtum 分配する
tribūtus, a, um 地区の
trīgintā 30[数詞]

trīstis, e 悲しい
trīstitia, ae, f. 悲しみ
Trojānī, ōrum, m. pl. トロイア人
tū あなた cf. §286.
tuā tuus[あなたの]の女性単数奪格形
Tullius, ī, m. (氏族名)
tum その時に，それから
tunc その時に
turba, ae, f. 群れ
turris, is, f. 塔，宮殿
Tusculānus, a, um Tusculum(Latiumにあった町．キケロの別荘があった)の
tūtor, ārī, ātus sum 保護する
tūtus, a, um 安全な
tuus, a, um あなたの

U

ubi ……時に
ubi どこで
ubīque 到る所に
ūllus, a, um いかなる
ultimus, a, um 最後の
ultrō 自分の方から進んで
umbra, ae, f. 影
ūnāquāque ūnusquisque[各々の]の女性単数奪格形
unde どこから
ūndecimus, a, um 第11番目の
unquam いつか，かつて
ūnus, a, um 1[数詞]
ūnusquisque, ūnaquaeque, ūnumquidque 各々の
urbs, bis, bium, f. 都市
ūrō, ere, ussī, ustum 焼く
ūsus, ūs, m. 慣習，慣行，使用
ut ……ように(sīc faciō ut statuī 私

は決めたとおりにする)，……しているところでは，……や否や(ut nōn potuit できないとわかるや)，……ために

uterque, utraque, utrumque [que の前の部分が活用する．cf. īdem. 属格 utrīusque, 与格 utrīque と代名詞のように活用する] 二つのうちのどちらも

uterus, ī, m. 子宮 in uterō habeō みごもる

ūtilis, e 役に立つ

ūtor, ūtī, ūsus sum 使用する[奪格支配]

utrum... an... ……かそれとも……か

ūva, ae, f. 葡萄(の房)

uxor, ōris, f. 妻

V

vacuus, a, um 空の，何も持たぬ

vādō, ere, vāsī, vāsum 行く，急いで行く

vagulus, a, um さまよえる，さまよい行く

valeō, ēre, uī, itum 健康である

vallēs, is, f. 谷

vānitās, ātis, f. 空，空虚

vānus, a, um 空しい

variē いろいろに

varius, a, um いろいろの

-ve あるいは

vectīgal, ālis, n. 税

vel あるいは，……さえ，少なくとも

vēlōx, ōcis 速い

vēndō, ere, didī, ditum 売る

venerātiō, ōnis, f. 尊敬，敬意

veniō, īre, vēnī, ventum 来る

vēnor, ārī, ātus sum 狩りをする

Venus, Veneris, f. (恋愛の女神)

vēr, vēris, n. 春

verberō, āre, āvī, ātum 鞭打つ

verbum, ī, n. 言葉

vērē 真に

vereor, ērī, itus sum 恐れる

Vergilius, ī, m. (前1世紀の詩人)

vernīliter 卑屈に

vertex, ticis, m. 頂点

vērus, a, um 真の

vester, tra, trum あなたがたの

vestis, is, f. 衣服

vetus, teris 古い，老練な

via, ae, f. 道

viātor, ōris, m. 旅人

vīcīnus, ī, m. 隣人

victor, ōris, m. 勝利者，征服者

victōria, ae, f. 勝利

videō, ēre, vīdī, vīsum 見る，見える(見る能力がある)

vidērī [videō の受動相 videor の現在不定詞] 思われること vidēris bonus. あなたは良い人だと見られている

vidua, ae, f. やもめ，未亡人

vigilō, āre, āvī, ātum 眠らずにいる，注意している

vīgintī 20 [数詞]

vinciō, īre, vinxī, vinctum 縛る

vincō, ere, vīcī, victum 打ち負かす，勝つ

vīnea, ae, f. (葡萄畑の)葡萄の木[集合的に．個別的には vītis, is, f.]

vīnum, ī, n. 葡萄酒

vīpera, ae, f. まむし

vir, virī, m. 男

vīrēs [vīs の複数主格．複数属格は vīrium. 単数の語幹には r がない点に注意], f.

    pl. 力，実行力
virgō, ginis, *f.* 処女
virtūs, ūtis, *f.* 男らしさ，勇敢，徳，力量
vīs [対格 vim, 奪格 vī], *f.* 力，暴力
vīsitō, āre, āvī, ātum 訪ねる [対格支配]
vīta, ae, *f.* 生命，人生，生活　vītam agō 暮らす
vītālis, e 命を与える
vitiōsus, a, um 欠点のある
vitium, ī, *n.* 欠点，悪徳
vītō, āre, āvī, ātum 避ける
vīvō, ere, vīxī, vīctum 生きる

vīvus, a, um 生きている
vōbīs あなたがたに，あなたがたから [vōs の与格および奪格]
vocō, āre, āvī, ātum 呼ぶ
volō, velle, voluī 欲する
voluntās, ātis, *f.* 意志
voluptās, ātis, *f.* 楽しみ
vorāx, ācis どん欲な
vōs, vestrī, vestrum あなたがた
vōx, vōcis, *f.* 声，言語
vulgō 一般に
vulnus, neris, *n.* 傷
vulpēs, pis, *f.* 狐

和――羅

ア 行

愛　amor
愛する　amo
……(の)間に　inter
悪　malum
悪徳　vitium
開ける　aperio
あげる　do
アシア　Asia
味わう　gusto
明日　cras
遊ぶ　ludo
与える　do, dono
あたかも……のように　tamquam
頭の中　animus
アッティクス　Atticus
アテーナイ人　Atheniensis
……(の)あとに　post
あなたがたの　vester
あなたに　tibi
あなたの　tuus
あの　ille
甘やかして　indulgenter
雨がふる　pluit
誤る　erro
争い　lis
蟻　formica
或る　aliquis
ある　sum
歩く　ambulo
案出する　reperio
言う　dico
家に　domi

……以外に　nisi
怒る　irascor
生きる　vivo
息をする　spiro
行く　eo, vado
意見　opinio
医者　medicus
一度　semel
……(と)いっしょに　cum
いつも　semper
偽りの　falsus
いとわしい　molestus
犬　canis
衣服　vestis
今　nunc
いみきらう　reformido
嫌がっている　invitus
いろいろの　varius
ヴィーナス　Venus
ウェルギリウス　Vergilius
受け取る　capio
受ける　accipio
牛　bos
失う　amitto
嘘をつく　mentior
うた　cantus
歌う　canto, cano
疑う　dubito
打ち負かす　vinco
美しい　pulcher
馬　equus
馬に乗る　equito
産まれる　nascor
生まれる　orior

海　mare
産む　fero, pario
敬う　honoro
売る　vendo
運営する　gero
運命　fortuna
栄光　gloria
追いかける　ago
おいそれと　subito
追い剝ぎ　latro
追い払う　depello
追い求める　sector
王　rex
大いに　multum, magnopere
狼　lupus
大きい　magnus
多くの　multus
おかしな　ridiculus
置く　pono
贈り物　donum
送る　mitto
贈る　dono
行う　gero
抑える　cohibeo
教える　doceo
恐れる　vereor
落ちる　cado
男　vir
男の子　puer
同じ　idem
おべっか使い　adulator
おべっかをつかう　adulor
覚えている　memor
重い　gravis
思い切ってやる　audeo
思う　arbitror, puto, reor
重荷　onus

思われる　videor
重んじる　colo
泳ぐ　nato
オルペウス　Orpheus
愚か　stultitia
音楽　musica
おんどり　gallus
女　femina
女の子　puella

カ行

海外を股にかける　trans mare curro
階級　classis
害になる　obsum
害を加える　noceo
カエサル　Caesar
返す　reddo
返せという　reposco
変える　muto
顔　frons
……限り（あいだ）　dum
書く　scribo
隠されている　lateo
各人　quisque
欠けている　desum
飾る　orno
菓子　placenta
賢く　sapienter
……かそれともそうでないか　utrum ... an non
勝つ　vinco
学校　ludus
かね　pecunia
金持ち　dives
彼女　ea
神　deus
嚙む　mordeo

……から	quod	恐怖	timor
身体	corpus	居住する	incolo, habito
ガリア	Gallia	ギリシャ語	lingua Graeca
ガリア人	Galli	ギリシャ人	Graeci
狩りをする	venor	キリスト	Christus
川	fluvius	気を配る	curo
考え出す	reperio	金	aurum
考える	cogito	勤勉な	impiger
慣習	mos	空虚	vanitas
記憶力	memoria	苦悩	dolor
聞く	audio	暮らす	vitam ago
キケロ	Cicero	来る	venio
危険	periculum	苦しむ	patior
紀元前	ante Christum natum	苦しめる	opprimo
気候風土	caelum	狂っている	amens
技術	ars	黒い	niger
築く	construo	加える	impono
貴重な	pretiosus	企てる	molior
気づく	sentio	軍隊	exercitus
狐	vulpes	訓練する	exerceo
気に入る	placeo	警告する	moneo
昨日	heri	刑罰	supplicium
騎兵	eques	軽蔑する	contemno
希望	spes	結果	eventus
希望する	spero	決して……ない	nunquam
希望を持つ	spero	欠点	vitium
きみ	tu	獣	bestia
きみたちの	vester	ゲルマニア	Germania
義務	officium	ゲルマニア人	Germani
決める	constituo	原因	causa
気持	animus	……(が)原因で	ob
急に	subito	厳格に	graviter, severe
今日	hodie	健康である	valeo
教育する	educo	健康な	sanus
教訓	praeceptum	原告	actor
教師	magister	建設する	condo
協調	concordia	健全な	sanus

賢明な　sapiens
元老院　senatus
元老院議員　senator
恋　amor
好意をもつ　faveo
後悔している　paenitet
効果的な　efficax
行動する　ago
幸福な　beatus
こうむる　patior
声　vox
心　mens, animus
快い　jucundus
国家　respublica, civitas
事　res, factum
事柄　res, factum
言葉　verbum
子供(親に対して)　liberi
子供　puer
この　hic
このうえもなく大きい　maximus
好む　amo, placeo
鼓舞する　confirmo
……頃　fere
殺す　interficio, occido
懇願する　precor

サ 行

……歳　natus
最高の　summus
さいころ　alea
さいわいな　beatus
魚　piscis
……(に)逆らって　contra
咲き始める　floresco
叫ぶ　clamo
さまざまな　varius

さまよう　peragro
寒さ　frigus
死　mors
幸せな　beatus
しかし　sed
時間　tempus
指揮官　dux
じきに　mox
子宮　uterus
事実　factum
自身　ipse
静かに　tacite
自然　natura
従う　sequor
親しい　carus
……(の)下に　sub
知っている　scio
死ぬ　morior
しばしば　saepe
しばらく　paululum
自分　ipse
自分の　suus
市民　civis
自由　libertas
集合　coetus
従順な　mollis
しゅうと　socer
重要である　interest
熟練している　peritus
主人　dominus
出発する　proficiscor
種類　genus
称賛する　laudo
少女　puella
生じる　fio, orior
商人　mercator
少年　puer

将来の futurus
食物 cibus
処女 virgo
女性 femina
知らない nescio
思慮深い prudens
知る cognosco, nosco
陣営 castra
真実の verus
信じる credo
人生 vita
身体 corpus
真に vere
心配 cura
崇拝する adoro
姿 forma
好きな carus
救う salvo, servo
少ない paucus
既に jam
捨てる depono
すべての omnis
住む habito
する facio
鋭い acer
正義 justitia
税金 vectigal
制限する finio
性質 habitus
青春 juventus
生徒 discipulus
青年 juvenis
征服する vinco
説得する persuadeo
蝉 cicada
セルウィウス Servius
世話をする curo

先生 magister
戦争 bellum
全体の totus
戦闘 proelium
先発させる praemitto
占領する occupo
ソクラテス Socrates
祖国 patria
そして et
そして -que
その iste, is
その時 tum
そのように sic
それ is
存在する sum
尊重する diligo

タ行

……(に)対抗して contra
大切である refert
怠慢な piger
太陽 sol
倒れる cado
……(なの)だから quod
沢山の multus
……だけでなく……も non solum
　　　　　　　　　… sed etiam…
たしかに certe
助ける adjuvo, subvenio
尋ねる rogo
訪ねる visito
ただ……だけが solus
戦う pugno
正しい justus
直ちに statim, subito
立ち去る abeo
立つ sto

たとえ……としても	etsi	妻	uxor
谷	valles	罪を犯す	pecco
他人の	alienus	強い	fortis
楽しい	jucundus	抵抗する	resisto
楽しみ	voluptas	テーブル	mensa
旅人	viator	手紙	epistula
食べる	edo	敵	hostis, inimicus
魂	anima	適している	aptus
黙る	taceo	敵する	inimicus
……(の)ために	pro	できない	impotens
ためらう	tardo	できる	possum
堕落	corruptio	テクニック	ars
誰	quis	哲学者	philosophus
誰にも……ない	nulli	出ていく	egredior
誰も……ない	nemo	……でなく……	non... sed...
タレントゥム	Tarentum	手早く	celeriter
小さい	parvus	天	caelum
知恵	sapientia	……と	-que
知恵のある	sapiens	戸	porta
……(の)近くで	prope	どういう	qui
力	vis	到着する	advenio
地勢	loca	尊ぶ	colo
地球	terra	動物	animal
父	pater	……(を)通って	per
忠告	consilium	都会	urbs
忠告する	suadeo	とがめる	culpo
忠実に	fideliter	時	tempus
沈黙する	sileo	ときどき	aliquando
ついてくる	sequor	……時に	quando, ubi
ついに	tandem	徳	virtus
(道が)通じている	duco	どこで	ubi
使う	utor	どこへ	quo
仕える	servio	年	annus
つき(月)	luna	歳上の	major natu
つき(暦の月)	mensis	歳下の	minor natu
作り上げる	conficio	土地	ager, terra
常に	semper	とてもうまく	optime

219

とどまる　maneo
友達　amicus
……(と)ともに　cum
とらえる　capio, reprehendo
鳥　avis
努力する　conor
取る　capio, tollo
奴隷　servus
奴隷状態　servitus
富んでいる　dives
富んでいる　abundans
どんな　qui
どん欲な　rapax

ナ 行

ない(否定詞)　non
……(の)ない　sine
長い　longus
長い間　diu
……(の)中で　in
仲間　socius
泣く　fleo
投げる　jacio
なす　facio
なぜ　cur
なに　quid
なにも……ない　nihil
なにも持たぬ　vacuus
名前　nomen
何と！　quam
なんぴとにも　cui
……に(へ)　ad
肉　caro
憎しみ　odium
似姿　imago
……について　de
似ている　similis

人間　homo
人間的な　humanus
忍耐　patientia
盗む　furor
願い求める　cupio
猫　feles
鼠　mus
妬む　invideo
熱心に　studiose
熱望する　avidus
……ねばならない　debeo, oportet
眠る　cubo, dormio
望む　opto
飲む　bibo

ハ 行

歯　dens
パエドゥルス　Phaedrus
墓　sepulchrum
破壊する　deleo
励む　operam do
運ぶ　fero
橋　pons
始め　primo
始めた　coepi
走る　curro
走ること　cursus
恥ずべき　indignus
果たす　fungor
働く　laboro
はっきりしない　dubius
発見する　invenio
花　flos
話す　loquor
母　mater
破滅させる　perdo
速い　celer, velox

速く　cito
ばら　rosa
払う　pensito
春　ver
半分　dimidium
反乱を起こす　rebello
ひ(日)　dies
秀でる　praesto
引きずる　traho
日毎に　cottidie
左手　sinistra
羊　ovis
人　homo
非難する　culpo
病気の　aeger
病人　aegrotus
広い　latus
拾い集める　lego
深い　altus
不幸な　miser
不正　injuria
葡萄酒　vinum
部分　pars
不法　injuria
冬　hiems
古い　antiquus
プルートー　Pluto
ブルンディシウム　Brundisium
触れる　tango
分配する　tribuo
兵士　miles
平和　pax
……べきである　debeo
へつらう　blandior
ペルシャ人　Persae
勉強する　disco
法　lex, jus

暴動を起こす　rebello
吠える　latro
保護する　tutor, protego
星　stella
欲しない　nolo
欲する　cupio, volo
施し　eleemosyna
骨　os
ほぼ　fere
誉める　laudo
ホラーティウス　Horatius
捕虜　captivus
滅びる　pereo
本　liber
本性　natura
本当に　revera, vero
本当の　verus
翻訳家　interpres

マ 行

毎日　cottidie
……(の)前で　coram
増す　cresco
貧しい　pauper
……(も)また　quoque
まだ……ない　nondum
町　oppidum
待つ　exspecto
全く　omnino
祭り　feriae
学ぶ　disco
まもなく　mox
護る　defendo
守る　observo
マラトン　Marathon
み(実)　frux
見えている　video

見え見えである　non lateo
右手　dext(e)ra
短い　brevis
見せかけ　simultatio
満たされている　plenus
道　via
道を誤る　aberro
三つ　tres
みな　omnis
見よ！　ecce
未来　futurum
みる(観)　specto
みる(視)　specto
みる(見)　video
民衆　populus
民族　gens
婿　gener
……(の)向こうに　trans
無視する　neglego
難しい　difficilis
息子　filius
娘　filia
鞭打つ　verbero
空しく　frustra
胸　pectus
目　oculus
命じる　praecipio
名声　fama
名誉　gloria
命令する　impero, jubeo
……も……も　et... et...
……も……もない　neque... neque...,
　　nec... nec...［necはnequeの短縮形］
もし……なら　si
用いる　affero
持つ　possideo, habeo
最もよい　optimus

最もわるい　pessimus
求める　peto
物　res
森　silva
門　porta

ヤ 行

約束する　promitto
役立つ　prosum
養う　colo
休む　requiesco
やってくる　venio
山　mons
やる　do
唯一の　solus
有益な　utilis
有害な　perniciosus
勇敢な　audax, ferox
勇気　virtus
友人　amicus
雪のように白い　niveus
ゆっくり　lente, tarde
指輪　anulus
許されている　licet
よい　bonus
容赦する　parco
……(の)ように　sicut
善く　bene
欲　studium
欲望　cupiditas
呼ぶ　voco
読む　lego
……よりも　quam
よりよい　melior
よりわるい　pejor
よろこぶ(気に入る)　placeo
よろこんで　libenter

弱める　minuo

ラ行

ライン川　Rhenus
ラテン語で　Latine
利益　commodum
理解する　intellego
立証する　probo
理由　causa
隣人　proximus
ルクレティウス　Lucretius
例　exemplum
隷従する　servio
老人　senex
老年　senectus
老練な　vetus

ローマ　Roma
ローマの　Romanus
ろば　asinus
論じる　disputo

ワ行

若者　juvenis
わかる　intellego
分ける　divido
私　ego
私の　meus
笑う　rideo
悪い　malus
我々　nos
我々の　noster

索　引

(数字は節番号)

ア　行

アクセント　14-16
　——の位置　14-16
　付属的な語の——　16
　-ius, -ium に終わる第二活用名詞の
　　——　77-78
　-que の前に来る単語の——　語彙
　　(-que の項目の註)
音節　10-13
　——の長短　11-12
　——の名称　13

カ　行

格　32, 35, 39
　——の用法　39
過去完了　21, 157
　——直説法能動相　152-153, 514
　——直説法受動相　210-211, 519
　——接続法能動相　306, 308, 523
　——接続法受動相　307-308, 526
関係代名詞　351-356, 506
　文頭に来る——の用法　356
　先行詞　353
　　——のくりかえし　354
　　——の省略　355
間接話法　334-336, 345-346
　疑問文の——　309-312
完了　21, 147
　——直説法能動相　143-146, 513
　——直説法受動相　210-211, 519

　——接続法能動相　305, 308, 522
　——接続法受動相　307-308, 526
　——不定詞　331-333, 529-530, 538
　——分詞　211-214, 363, 377, 532, 539
完了幹　144
形容詞
　——の第一, 第二活用　59-61, 85-88, 492-494
　——の第三活用　i 音幹　136-138, 495
　——の第三活用　混合幹と子音幹　200-205, 496-497
　——の(名詞, 代名詞との)一致　62
　——の語順(名詞との関係)　64
　——の用法(属性的と述語的)　63
　——の副詞的用法　358[註2]
　——の名詞化　65
　——の比較　393-402, 407-409, 498-499
　位置を示す——　392[註1]
　所有——　297
現在　21, 28
　——直説法能動相　25-26, 43-46, 510
　——直説法受動相　177-179, 516
　——接続法能動相　271, 275, 520
　——接続法受動相　272, 275, 524
　——不定詞　116, 119, 181, 529-530, 538
　——分詞　367-373, 531, 539

現在幹　26, 44-46
後文(apodosis)　317-318
呼格　35, 39, 53, 77
語順　41[註 2, 3], 64, 83[註 1], 385[註 1], 392[註 2], 478[註 1]

サ 行

時称　21
　——の呼応　276-279, 309-312
自動詞
　——の「受動相」　342, 363
主格　35, 39
述語
　形容詞の——的用法　63
受動相　19
　——における行為者　180
条件文
　仮想の——　325-326
　事実に反対の仮定をする——　319-320
　予想の——　325-326
所格　112
所有形容詞　292, 297, 365[註 2]
数
　動詞の——　18, 22
　名詞の——　32, 34
数詞　413-415, 508-509
性　32-33, 37, 59-60, 62
接続法　271-275, 281, 305-308
　勧奨を示す——　461-462
　命令を示す——　316[註 1], 463-464
　禁止的命令を示す——　451-452
　関係節における——　226[解説 1], 330[註 1], 456[註 2]
　間接疑問文における——　309-312
　条件文における——　319-320, 325-326
　(対格)不定詞節に係る副文における——　444[註 4], cf. 456[註 6]
　目的を示す副文における——　276-279
前置詞　102-106
　ab(ā), ad, ex(ē), in を用いない場合　109-112
前文(protasis)　317-318
相　18-19
属格　35, 38-39, 365[註 2], 429[註 2]
　価格の——　480[解説 1]
　人称代名詞の——　290-291
　部分的——　268[註 1], 291, 296[解説 1], 401
　目的語を示す——　101[解説 2], 290

タ 行

対格　35, 39, 102-104, 109-110, 439-440
　時間的延長を示す——　416(nātus の項目の註を参照)
　対格不定詞節における——　335
代名詞
　関係——　351-356, 506
　疑問——　261-263, 504
　強意——　299-301, 503
　限定——　249-254, 501
　īdem　255-256, 502
　再帰——　283[註 2], 286-287, 507
　指示——　244-248, 500
　人称——　286-292, 507
　不定——　264-266, 505
奪格　35, 39
　原因を示す——　385[註 2]
　行為者を示す——　180

仕方を示す——　419[註 10]
　　場所を示す——　109-110
　　場所を示す——の転用　419[註 5]
　　比較の対象を示す——　398-399
　　様態を示す——　375[註 1]
　　「……の点で」を示す——　478[註 2]
　　——の独立的用法　386-387
単数
　　動詞における——　22
　　名詞における——　34
短母音　3
長母音　3
直説法　20
動形容詞　24, 431-434, 534, 541
　　動名詞の代わりに用いられる——　439-440
動詞　18
　　——の主要部分　218, 236
　　能相欠如——　236, 536-542
動詞活用　18-24
動名詞　24, 420-427, 533, 540
　　動形容詞に取って代わられる——　439-440

ナ 行

人称　18, 23
　　能動相の——語尾　26
　　(能動相)完了の——語尾　145
　　受動相の——語尾　178-179
能相欠如動詞　236
　　——の現在分詞　369, 539
　　——の動形容詞　431-432, 541
　　——の動名詞　423, 540
　　——の不定詞(未来)　343-344, 538
　　——の未来分詞　340-341, 539
　　——の命令法　457-460, 536-537

　　——の目的分詞　471-472, 542
能動相　19

ハ 行

発音　1-8, 419[註 1]
比較
　　形容詞の——　393-402, 498-499
　　副詞の——　402
否定詞(nē)
　　nē…(目的を示す副文)　276-277
　　nē＋接続法完了二人称(禁止)　451-452
　　nē＋接続法現在一人称(勧奨)　461-462
　　nē＋接続法現在三人称(命令)　463-464
非人称動詞　360-361
　　——的表現(自動詞の「受動相」)　362-363
副詞
　　——の比較　402
複数
　　動詞における——　22
　　名詞における——　34
複母音　4
不定詞　24
　　——現在能動相　116, 119, 529
　　——現在受動相　181, 342, 530
　　——完了能動相　331-332, 529
　　——完了受動相　331, 333, 530
　　——未来能動相　340-341, 529
　　——未来受動相　340, 342, 363[註 1], 474[註 1], 530
　　能相欠如動詞の——未来　343-344, 538
　　——の用法　424-427
　　間接話法における——　334-336,

345-346
分詞　24
　現在―― 367-371, 531, 539
　完了―― 211-213, 377, 532, 539
　未来―― 341, 378, 531, 539
　――の時称　381
　――の基礎的機能・用法　372-373
　状況(時間, 原因, 目的, 譲歩等)を示
　　す―― 379-380
母音　3-4
法　20

マ 行

未完了過去　21, 73
　――直説法能動相　70-72, 511
　――直説法受動相　177-179, 517
　――接続法能動相　273, 275, 521
　――接続法受動相　274-275, 525
未来　21, 97
　勧告を示す――　466[註 3]
　――直説法能動相　93-96, 512
　――直説法受動相　177-179, 518
　――不定詞　340-344, 529-530, 538
　――分詞　341, 378, 531, 539
未来完了　21, 157
　――直説法能動相　154-157, 515
　――直説法受動相　210-211, 519
名詞活用　32-35
　第一活用　36-37, 482
　第二活用　51-54, 77-81, 483-484
　第三活用
　　i 音幹名詞　126-131, 485

　　黙音幹名詞　161-166, 486
　　混合幹名詞　171-173, 487
　　流音幹名詞　186-188, 488
　　s 音幹名詞　193-195, 489
　第四活用　227-229, 490
　第五活用　230-232, 491
命令法　20
　第一――　445, 447-449, 450, 527
　第二――　446, 448-449, 528
　能相欠如動詞の――　457-460, 536-537
　――の否定(＝禁止)　451-452
黙音　161
目的を示す副文　276-279
目的分詞　24, 218, 342, 469-472, 535, 542
　――の用法　473-476
文字　1-2, 419[註 1]
　――のあらわす発音　3-8
　――の音価　1-2
　――の名称　1

ヤ 行

与格　35, 39
　関係を示す――　140
　行為者を示す――　434
　効果を示す――　258[註 1]
　方向を示す――　140

ラ 行

流音　187

あ と が き

　このたびの改版については沢株正始氏にお取り計らいいただいた．
　校正その他については押田連氏，それに旧版でお世話になった森裕介氏が担当してくださった．装丁は樫村志郎氏が担当してくださった．
　なおまた，今日のような時世の中で，旧版の改訂に出版社が応じてくださったことをありがたく思っている．
　以上記して謝意を表する次第である．

　2002(平成14)年2月

ラテン語初歩 改訂版

1990年2月26日	第 1 刷 発 行
2002年3月20日	改訂版第 1 刷発行
2024年4月15日	改訂版第 21 刷発行

著　者　田中利光(たなかとしみつ)

発行者　坂本政謙

発行所　株式会社 岩波書店
　　　　〒101-8002 東京都千代田区一ツ橋2-5-5
　　　　電話案内 03-5210-4000
　　　　https://www.iwanami.co.jp/

印刷・精興社　製本・松岳社

© Toshimitsu Tanaka 2002
ISBN 978-4-00-002419-8　Printed in Japan

古典ギリシア語初歩	水谷智洋	A5判 246頁 定価 3850円
ギリシア語入門（新装版）	田中美知太郎 松平千秋	A5判 338頁 定価 2640円
新約聖書ギリシア語入門	大貫　隆	A5判 254頁 定価 3080円
カエサル 戦記集　内　乱　記	高橋宏幸訳	四六判314頁 定価 3300円
カエサル　アレクサンドリア戦記 戦記集　アフリカ戦記 　　　　ヒスパーニア戦記	高橋宏幸訳	四六判278頁 定価 3300円
生の短さについて　他二篇	セネカ 大西英文訳	岩波文庫 定価 990円
怒りについて　他二篇	セネカ 兼利琢也訳	岩波文庫 定価 1276円
ギリシア・ローマ名言集	柳沼重剛編	岩波文庫 定価 693円

――――――岩波書店刊――――――
定価は消費税10%込です
2024年4月現在